Anonymous

Gesetzsammlung für das Fürstentum Schwarzburg-Rudolstadt

Siebenundzwanzigster Band

Anonymous

Gesetzsammlung für das Fürstentum Schwarzburg-Rudolstadt
Siebenundzwanzigster Band

ISBN/EAN: 9783743478718

Hergestellt in Europa, USA, Kanada, Australien, Japan

Cover: Foto ©Suzi / pixelio.de

Manufactured and distributed by brebook publishing software
(www.brebook.com)

Anonymous

Gesetzsammlung für das Fürstentum Schwarzburg-Rudolstadt

Gesetzsammlung

für das

Fürstenthum Schwarzburg-Rudolstadt.

1866.

Siebenundzwanzigster Jahrgang.

Rudolstadt.

Druck und Verlag der F. priv. Hofbuchdruckerei.

Inhalts - Verzeichniß.

1866.

Gesetzsammlung

für das Fürstenthum Schwarzburg-Rudolstadt.

Erstes Stück vom Jahre 1866.

№ I. Prüfungs-Regulativ für Bauhandwerker
vom 22. December 1865.

In weiterer Ausführung des §. 18 der Gewerbe-Ordnung vom 8. April 1864 (G.-S. 1864 S. 61 ff.) und des §. 28 der Verordnung vom 8. Juli desselben Jahres (G.-S. 1864 S. 135 ff.) wird rücksichtlich des Befähigungsnachweises zur selbständigen Ausführung und Leitung von Bauten mit höchster Genehmigung des Durchlauchtigsten Fürsten verordnet wie folgt.

§. 1.

Der Nachweis der Befähigung zur selbständigen Ausführung und Leitung der im §. 28 der Ausführungsverordnung zur Gewerbeordnung vom 8. Juli 1864 näher bezeichneten Bauten, (Meister-Befähigung) ist durch das Bestehen einer theoretischen und practischen Prüfung vor der in Rudolstadt bestehenden Prüfungs-Commission zu führen.

§. 2.

Die Prüfungs-Commission besteht aus einem den Vorsitz führenden Fürstl. Baubeamten und aus zwei zur selbständigen Ausführung und Leitung von Bauten berechtigten Bauhandwerkern (Prüfungsmeistern) und zwar aus zwei Zimmermeistern oder zwei Maurermeistern, je nachdem es sich um die Prüfung von Maurern oder Zimmerleuten handelt.

Die Fürstliche Regierung bezeichnet widerruflich diejenigen Meister, unter welchen der Vorsitzende der Prüfungs-Commission die bei jeder einzelnen Prüfung zuzuziehenden auswählt.

Ausgegeben in **Rudolstadt** den 6. Januar 1866.

1 8 6 6.

Die Urtheile der drei Commissionsmitglieder über den Ausfall der Prüfung sind gleichberechtigt und es wird das Endurtheil durch Majoritätsbeschluß herbeigeführt, indessen ist jedes der Mitglieder befugt, die Entscheidung der Fürstlichen Regierung anzurufen, in welchem Falle der Majoritätsbeschluß der Commission vorläufig suspendirt bleibt.

Baubeamte, welche den Prüfungs-Candidaten unterrichtet oder mit Bauarbeiten beschäftigt haben, desgleichen Meister, bei welchen derselbe innerhalb des letzten Jahres in Arbeit gestanden hat, dürfen an der Prüfung nicht Theil nehmen.

§. 3.

Zur Prüfung sollen in der Regel nur solche zugelassen werden, welche das 24. Lebensjahr zurückgelegt haben und nachweislich drei Jahre hindurch als Gesellen bei selbstständigen Bauhandwerkern (Bauhandwerksmeistern) des Inlandes oder Auslandes und in jedem Jahre wenigstens drei Monate lang praktisch auf dem Bauplatze thätig gewesen sind.

Ausnahmsweise kann die Fürstliche Regierung von dem Erfordernisse des vollendeten 24. Lebensjahres dispensiren (§. 4 der Gewerbe-Ordnung), auch ist sie ermächtigt, die Zeit für eine dreijährige practische Ausbildung angemessen zu ermäßigen, wenn der Bewerber um Zulassung zur Prüfung durch den Besuch einer gewerblichen Lehranstalt oder in sonst geeigneter Weise Gelegenheit gefunden hat, die zu dem beabsichtigten Gewerbebetriebe erforderlichen Kenntnisse und Fertigkeiten zu erwerben.

§. 4.

Die Anmeldung ist zu jeder Zeit zulässig und hat schriftlich bei dem Vorsitzenden der Prüfungs-Commission unter Ueberreichung

1) der Nachweise über die vorausgegangene praktische Ausbildung (§. 3) durch Zeugnisse der Arbeitsmeister bezüglich Lehranstalten,
2) eines von dem Antragsteller selbst verfaßten und geschriebenen Lebenslaufes,
3) eines polizeilichen Führungszeugnisses zu erfolgen.

§. 5.

Dem Gesuche ist sofort der Betrag der Prüfungsgebühren mit 16 Fl. beizufügen. Diese Gebühren werden, soweit sie nicht zur Deckung des Aufwandes für den Geschäftsbetrieb an Schreib- und Botengebühren, sowie für Reisekosten zur Abnahme des Meisterbaues, zu verwenden sind, nach erfolgter Prüfung unter die Mitglieder der Prüfungs-Commission gleichmäßig vertheilt.

1 8 6 6.

§. 6.

Die Prüfung erfolgt

1) mündlich,
2) durch Aufgabe einer Probearbeit (Zeichnung und Kostenanschlag),
3) durch Aufgabe einer praktischen Arbeit (Meisterbau, Modell).

§. 7.

Die mündliche Prüfung der Zimmerleute (§. 6, 1) umfaßt folgende Gegenstände:

1) Flächenberechnung des Parallelogramms, des Dreiecks und des Trapezes aus Grundlinien und Höhen, Umfangs- und Flächenberechnung des Kreises aus dem Halbmesser, ferner des Kreisausschnitts aus dem zugehörigen Mittelpunktswinkel und dem Halbmesser; Flächenberechnung eines nach vorgeschriebenem Maßstabe in Zeichnung gegebenen unregelmäßigen Vielecks; Berechnung des Inhaltes und der Begrenzungsflächen des Prisma's, der Pyramide und des Cylinders bei senkrechter Stellung;

2) Auftragen geradliniger Figuren nach gegebenen Bestimmungsstücken und Bedingungen;

3) Erklärung vorgelegter Zeichnungen, welche auf die bei dem Land- und Brückenbau vorkommenden Zimmerarbeiten sich beziehen;

4) Kennzeichen der guten und schlechten Beschaffenheit der zu den Zimmerarbeiten zu verwendenden Holzarten; Rücksichten, welche bei dem Fällen und Aufbewahren der Bauhölzer und bei der Auswahl derselben zu den verschiedenen Zimmerarbeiten zu nehmen sind;

5) Construktion der liegenden Bohlen- und Balkenroste, der Pfahlroste, der Spundwände und deren Anwendung;

6) Zusammensetzung, Aufstellung und Anwendung gewöhnlicher Rammen;

7) Einrichtung einfacher Maschinen zum Ausschöpfen des Wassers;

8) Verfahren bei der Anfertigung der mit Holz ausgesetzten Brunnen und Brunnenkasten;

9) Darstellung von Holzverbindungen in ihrer Anwendung auf Vertrumpfungen, Verschwellungen, Verschiftungen, bei Trägern, Unterzügen, Hänge- und Sprengwerken;

10) Zusammensetzung und Verband der gewöhnlichen und der gesprengten Wände;

11) Construktion der Treppen, Dachverbände, Glockenstühle, des Holzverbandes der Thürme und ähnlicher Baulichkeiten;

1866.

12) Verfahren bei der Erneuerung abgefaulter Balkenköpfe, bei dem Unterschwellen der Gebäude, bei der Ausbesserung von Brückenjochen und bei ähnlichen Arbeiten;

13) Verrichtungen, welche bei dem Absteifen nach Verschiedenheit der Fälle zur Anwendung kommen;

14) Aufstellung verbundener Gerüste, Vorrichtungen zum Heraufschaffen der Bauhölzer;

15) Fragen über Fälle, in welchen die Zimmer- und Maurerarbeiten bei der Ausführung sich gegenseitig bedingen (z. B. bei Vertrumpfungen zu Feuerungsanlagen, bei der Legung von Fußböden über Gewölben, Anbringung von Balkenankern und dergleichen);

16) Regeln, nach welchen bei dem Bauen Feuerunsicherheit und Beeinträchtigung der Nachbarn zu vermeiden ist; Kenntniß der in Bezug auf die Baupolizei bestehenden Gesetze und baulichen Vorschriften.

§. 8.

Die mündliche Prüfung der Maurer und Steinhauer (Steinmetzen) (§. 6, 1) umfaßt

1) die §. 7 unter 1,

2) die §. 7 unter 2

bezeichneten Gegenstände, ferner

3) Erklärung vorgelegter Zeichnungen, welche auf die bei dem Land- und Brückenbau vorkommenden Maurer- und Steinhauerarbeiten sich beziehen. Zu letzteren gehören insbesondere die Zeichnungen der drei Säulenordnungen, der aus Werkstücken zu fertigenden Tonnen-, Kuppel-, Kreuz- oder scheitrechten Gewölbe, und endlich der aus Werkstücken zu fertigenden Treppen, deren Stufen gerade oder gewunden zwischen Wangen liegend, oder frei sich selbst tragend sein dürfen;

4) Kennzeichen der guten und schlechten Beschaffenheit der Materialien zu den Maurerarbeiten; Zubereitung des Mörtels, Cements und Wasserkitts;

5) Untersuchung des Baugrundes; Beschreibung und Anwendung der dabei zu benutzenden Werkzeuge, künstliche Befestigung des Baugrundes durch Stein- oder Betonschüttung, Senkbrunnen oder Senkkasten und dergleichen und deren Anwendung;

6) Verfahren bei der Absteckung eines Gebäudes auf der Baustelle; Einrichtung der Lehren, Stichmaaße und Eintheilungslatten, Aufstellung der Gerüste;

7) Berechnung der erforderlichen Stärke der Mauern nach Maßgabe ihrer Höhe;

8) Regeln für die Zubereitung und Aufstellung der Lehrbögen, für die Dicke der Gewölbe und der Widerlager;

9) Angabe der Verbände bei Mauern von natürlichen Bausteinen und Mauerziegeln, bei Schornsteinen, Feuerungen, Rauchmänteln, Gewölben, scheitrechten Bögen und Stichkappen;

10) Verfahren bei der Anfertigung gerohrter Decken, gemauerter und anderer Gesimse, Einrichtung der Chablonen;

11) Eindeckung der Ziegeldächer, Dachluken, Rinnen, Hohlkehlen, Forste und Grate;

12) Behandlung der Werkstücke bei den üblichen Arten der Bearbeitung, Rücksichten, welche hierbei und bei dem Versetzen von Werkstücken auf die natürliche Lage des Steines zu nehmen sind; Eigenschaften der zu Werkstücken gewöhnlich verwendeten Steine und Verhalten derselben unter der Einwirkung der Kälte und Wärme, der Nässe und Trockenheit; Mittel zur Entdeckung verborgener Fehler an äußerlich fehlerfrei erscheinenden Steinen und zur möglichsten Beseitigung solcher Fehler; Angabe des Verfahrens bei dem Austragen der Lehrbreter zu den Gewölbesteinen und ähnlichen Bausteinen; Kenntniß der zum Transport und zum Heben der Werkstücke erforderlichen Vorrichtungen; Verfahren bei dem Vermauern, Versetzen, Vergießen, Verklammern und Verdübeln der Werkstücke, Zusammensetzung und Zubereitung des Verbindungsmaterials;

13) Verfahren bei der Anfertigung gemauerter Brunnenkessel;

14) wie §. 7 sub 15;

15) wie §. 7 sub 16.

§. 9.

Die Examinatoren sind weder zur Beobachtung der Reihenfolge der vorbezeichneten Prüfungsgegenstände (§. 7 und 8) noch zur Erschörfung derselben verpflichtet. Es steht ihnen frei, auch auf andere verwandte Stoffe die Prüfung zu erstrecken; nur müssen die ausgewählten Gegenstände innerhalb der Grenzen landesüblichen Verfahrens und landkundigen Materials liegen und in die Kategorie der oben bezeichneten Fragen fallen.

§. 10.

Ueber die mündliche Prüfung ist ein Protokoll aufzunehmen, in welchem die gestellten Fragen und die Bemerkungen der Commission über die ertheilten Antworten anzugeben sind.

Die Blätter, welche bei der Prüfung gefertigte Handzeichnungen, Rechnungen oder schriftliche Antworten enthalten, sind von dem Candidaten zu unterschreiben und dem von allen Mitgliedern der Commission zu vollziehenden Protokolle beizufügen.

§. 11.

Die Probearbeiten (§. 6, 2) haben für den Maurer wie für den Zimmermann zu bestehen:

1) entweder im Entwerfen und Zeichnen wichtiger Hauptstücke eines großen Gebäudes, oder in dem Entwurfe und der vollständigen Ausarbeitung eines gewöhnlichen Wohn- oder Wirthschaftsgebäudes seinem ganzen Umfange nach.

Dem Zimmermann kann nach Befinden der Entwurf und die Zeichnung eines für sich bestehenden Zimmerbauwerks, wie eines Kirchthurms, einer hölzernen Brücke ꝛc. aufgegeben werden.

Zugleichen kann dem Maurer nach Befinden der Entwurf zu einer steinernen Brücke, Treppe, Feuerungsanlage oder zu einem steinernen Gewölbe aufgegeben werden.

2) in der Anfertigung und Berechnung eines Anschlags über die Kosten des Arbeitslohns und der erforderlichen Materialien beziehendlich zu Maurer- und Zimmerarbeit bei dem als Probearbeit dienenden Baugegenstande. Die Arbeit ist zugleich nach Tagewerken zu berechnen.

Bei Stellung der Aufgabe sind diejenigen Grenzen nicht zu überschreiten, innerhalb deren sich der Handwerker, dem academisch gebildeten Baumeister gegenüber, zu bewegen pflegt, und jedenfalls sind auch die Probearbeiten so abzumessen, daß sie bei mäßiger Uebung in acht Wochen vollendet werden können.

Die Commission hat die Anfertigung der Probearbeiten zu überwachen, bezüglich überwachen zu lassen.

Glaubt die Commission trotzdem annehmen zu müssen, daß sich der Candidat unerlaubter Hülfe bedient hat, so ist sie befugt, demselben eine fernere unter Clausur zu fertigende Arbeit aufzugeben. Auch kann

1866.

3) die Aufnahme und Ausmeffung von Gebäuden einer einfachen Probearbeit hinzugefügt werden.

Die vollendeten Arbeiten find von dem Candidaten und von den beauffichtigenden Mitgliedern zu unterschreiben, von allen Mitgliedern zu prüfen, und, sofern sich dazu Veranlaffung findet, schriftlich zu beurtheilen. Der Umlauf darf nicht über 2 Wochen dauern.

§. 12.

Den Meisterbau (§. 6, 3) hat der Prüfungscandidat allein und insbesondere ohne Beihülfe eines den Meister vertretenden Gefellen (Polirers) zu leiten. Die Ermittelung des Meisterbaues, welcher in der Regel nicht weiter, als höchstens drei Meilen von Rudolfstadt entfernt liegen darf, bleibt dem Examinanden überlaffen. Er hat sich mit dem Bauherrn oder dem von diesem beauftragten Unternehmer und mit einem Meister seines Handwerks wegen Ueberweifung der nöthigen Gefellen zu einigen.

Vor dem Beginne des Baues muß er den Ort und den Umfang deffelben dem Vorfitzenden der Commiffion schriftlich anzeigen, unter Beifügung einer Zeichnung, aus welcher die wichtigsten der dabei vorkommenden Conftruktionen zu erfehen find.

Die Entscheidung über die Zulaffung der getroffenen Wahl ift möglichft zu beschleunigen und dem Antragsteller spätestens innerhalb 14 Tagen zu eröffnen, mit der gleichzeitigen Bestimmung darüber, welchen einzelnen, besonders wichtigen Theil des Baues er als Probestück selbst, ohne andere, als die ganz unentbehrliche Arbeitshülfe, auszuführen hat.

§. 13.

Kommen bei dem Bau dergleichen wichtigere Theile nicht vor, so ist dem Examinanden die Ausarbeitung eines Modelles unter Aufficht aufzugeben.

§. 14.

Liegt der Bau zu entfernt vom Sitze der Commiffion, so ift die Beaufsichtigung, welche sonst durch ein Mitglied der Commiffion geführt werden muß, einem andern zuverläffigen Maurer- oder Zimmermeister in der Nähe des Meisterbaues zu übertragen, welcher dann die während des Baues gemachten Wahrnehmungen schriftlich zu den Prüfungsacten einreicht.

· Die Abnahme beforgen der Baubeamte und die beiden Prüfungsmeister. Bei Befichtigung des Baues muß der Examinand zugezogen werden. Die bemerkten Mängel der Arbeit find ihm auf der Baustelle vorzuhalten; seine Erklärungen darüber find zu Protokoll zu nehmen.

1 8 6 6.

§. 15.

Die Prüfung der Zimmerleute sowohl, als der Maurer soll übrigens auch auf ihre Befähigung zu Beurtheilung der für Bauten nothwendigen Erfordernisse überhaupt, also auch der in das specielle Fach des zu Prüfenden nicht einschlagenden Gegenstände sich erstrecken.

§. 16.

Ueber die ganze Prüfung hat die Commission Beschluß zu fassen und hiebei das Gesammtergebniß der Prüfung hinsichtlich der Befähigung des Geprüften zu selbstständiger Ausführung und Leitung von Bauten hauptsächlich zu berücksichtigen. Fällt der Beschluß zu Gunsten des Geprüften aus, so stellt die Prüfungscommission bei der Fürstlichen Regierung den Antrag auf Ausstellung eines Befähigungszeugnisses zur selbstständigen Ausführung und Leitung von Bauten aller Art (Meisterzeugnisses) unter Beifügung der von allen drei Mitgliedern der Commission unterschriebenen und gehörig gehefteten Prüfungsverhandlungen und der Probearbeiten in einer Mappe oder Rolle.

Stimmt die Commission für die Versagung des Befähigungszeugnisses, so bescheidet sie den Geprüften ablehnend mit der Angabe der Mängel seiner Ausbildung und macht hiervon der Fürstlichen Regierung Anzeige.

Wenn der Geprüfte nur in einem wesentlichen Theile der Prüfung nicht bestanden hat, so kann die später zu wiederholende Prüfung auf diesen Theil beschränkt werden.

Bei Versagung des Befähigungszeugnisses ist zugleich eine, die Dauer eines Jahres nicht überschreitende Frist zu bestimmen, vor deren Ablauf die Erneuerung oder die Ergänzung der Prüfung nicht statthaft ist.

Die von dem Geprüften gelieferten Zeichnungen und schriftlichen Arbeiten sind ebenso wie die Prüfungsverhandlungen im Locale der Fürstlichen Regierung aufzubewahren. Die außerdem angefertigten Probestücke müssen ihm nach endgültiger Entscheidung über den Ausfall der Prüfung zurückgegeben werden.

§. 17.

Das Regulativ vom 18. Juni 1840 über die Befähigung und die Prüfungen der Maurer und Zimmerleute (Ges.-S. 1840 S. 129 ff.) wird hiermit aufgehoben.

Rudolstadt, den 22. December 1865.

Fürstl. Schwarzb. Ministerium.

v. Bertrab.

1866.

Gesetzsammlung

für das Fürstenthum Schwarzburg-Rudolstadt.

Zweites Stück vom Jahre 1866.

№ II. Verordnung

vom 12. Januar 1866, betr. verschiedene Abänderungen des Regulativs über die Holzabgabe an die Staatsunterthanen aus den F. Forsten der Oberherrschaft vom 14. Januar 1859 und der Verordnungen vom 24. Mai 1861, vom 11. August und 1. September 1865.

In Folge der vorgenommenen Revision des Holzpreisregulativs vom 14. Januar 1859 und der Verordnung vom 24. Mai 1861 und unter Aufhebung der Verordnungen vom 11. August und 1. Sept. 1865 wird mit Höchster Genehmigung Serenissimi verordnet, wie folgt.

Art. 1.

Zu §. 2 des Regulativs als alin. 2 und 3:

Von den Brennhölzern, die zu ermäßigten Preisen nach dem jährlich aufzustellenden Distributionsplane für die Abgabe an die Gemeinden bestimmt werden, sind zunächst die Bedürfnisse der Unbemittelten zu befriedigen, das Uebrige kommt zur Vertheilung an die anderen ortsangehörigen Unterthanen. Das Abgabequantum an eine einzelne Familie darf jedoch den festgestellten Maximalsatz nicht übersteigen.

Art. 2.

Von §. 5 des Regulativs werden alin. 1—5 aufgehoben und wird an deren Stelle gesetzt:

Nach dem von der Forstbehörde auf Grund der zeitherigen Abgabe aufgestellten und von dem Fürstlichen Finanzcollegium genehmigten Distributionsplane wird den Ortsvorständen das nach den Magazinpreisen abzugebende Quantum bekannt gemacht. So lange und in so weit Gemeinden, Corporationen oder Privaten ihr jeweiliges Bedürfniß an Holz aus der eigenen Waldung befriedigen können, werden ihnen aus den Fürstlichen Forsten keine Hölzer zu diesem Zwecke abgegeben.

Fürstl. Schw. Rudolst. Gesetzsamml. XXVII.   2

Ausgegeben in **Rudolstadt** den 20. Januar 1866.

1866.

Im Februar jeden Jahres werden zum Bedarf der Unterthanen nach Bezirken, wenigstens 4 Wochen vorher bekannt zu machende Bauholzschreibetage abgehalten.

Art. 3.

§. 7 des Regulativs wird aufgehoben.

Art. 4.

§. 9 des Regulativs wird aufgehoben und an dessen Stelle gesetzt:

Die Cubirung der Langhölzer und Bloche geschieht nach Instruction des Fürstlichen Finanzcollegiums.

Art. 5.

§. 15 des Regulativs fällt weg.

Art. 6.

Zu §. 16 des Regulativs.

Die Eintheilung der Forste in Abtheilungen wird dahin abgeändert, daß der Dittersdorfer Forst zu Abtheilung II. geschlagen wird.

alin. 2 kommt in Wegfall.

Art. 7.

Das Preisverzeichniß vom 14. Januar 1859, §. 1 der Verordnung vom 24. Mai 1861 und die Verordnungen vom 11. August und 1. Septbr. 1865 werden hiermit aufgehoben und tritt mit dem Tage der Publication die der gegenwärtigen Verordnung beigefügte Taxe bis auf Weiteres in Kraft.

Rudolstadt, den 12. Januar 1866.

Fürstl. Schwarzb. Ministerium.

v. Bertrab.

Verzeichniß
der Preise der Brennhölzer für Staatsunterthanen zum eigenen Bedarf.

I. Abtheilung.

A. Weiches Scheit= und Walzenholz.

6 Fl. 12 Kr. für 1 Klftr. 7/4 ell. geringes,

4 „ 24 „ „ 1 „ „ „ ganz geringes,

5 „ 24 „ „ 1 „ „ „ Walzenholz.

B. Stöcke, weiche.

2 Fl. 28 Kr. für 1 Klftr. gegrabene oder geschmatzte gute,

1 „ 56 „ „ 1 Klftr. dergleichen geringe.

C. Reißig.

— Fl. 40 Kr. für 1 Schock.

II. Abtheilung.
A. Weiches Scheit = und Walzenholz.

8 Fl. — Kr. für 1 Klftr. ⁷/₁ ell. kiefernes Scheitholz, geringes,
7 „ — „ „ 1 Klftr. „ „ fichtenes und tannenes Scheitholz, geringes,
5 „ 24 „ „ 1 Klftr. „ „ ganz geringes Kiefern- und Fichten- Scheit- und
gutes Walzenholz,
3 „ 54 „ „ 1 Klftr. „ „ ganz geringes Kiefern- und Fichten-Walzenholz.

B. Stöcke, weiche.

4 Fl. 12 Kr. für 1 Klftr. gute, gegrabene oder geschmagte,
3 „ 40 „ „ 1 Klftr. dergleichen geringere,
2 „ 36 „ „ 1 Klftr. dergleichen ganz geringe.

C. Reißig, weiches.

— Fl. 44 Kr. für 1 Schock,
— „ 34 „ „ 1 Schock gutes Durchforstungsreißig,
— „ 26 „ „ 1 Schock geringes dergl.

Im Desteröder Forste finden rücksichtlich des weichen Feuerholzes, der weichen Stöcke und des weichen Reißigs folgende Preise statt:

1. Weiches Scheit = und Walzen=Holz.

9 Fl. — Kr. für 1 Klftr. ⁷/₄ ellig. geringes, kiefernes Scheitholz,
8 „ — „ „ 1 Klftr. „ „ geringes, fichtenes und tannenes Scheitholz,
6 „ 36 „ „ 1 Klftr. „ „ ganz geringes Kiefern- und Fichten-Scheit- und
Walzenholz.

2. Weiche Stöcke.

4 Fl. 24 Kr. für 1 Klftr. gute gegrabene oder geschmagte,
3 „ 40 „ „ 1 „ dergl. geringe.

3. Weiches Reißig.

1 Fl. 16 Kr. für 1 Schock lange Wellen,
— „ 44 „ „ 1 „ dergleichen geringe.

III. Abtheilung.
A. Weiches Scheit = und Walzenholz.
Für den Sißendorfer Forst.

7 Fl. — Kr. für 1 Klftr. ⁷/₁ ellig. gutes Scheitholz,
5 „ 4 „ „ 1 „ „ „ dergl. geringes,
4 „ 4 „ „ 1 „ „ „ dergleichen ganz geringes und Walzenholz.

1866.

Für den Unterweißbacher Forst.

6 Fl. — Kr. für 1 Klftr. ⁷/₄ ellig. gutes Scheitholz,
4 „ 4 „ „ 1 Klftr. „ „ dergl. geringes,
3 „ 4 „ „ 1 Klftr. „ „ dergl. ganz geringes und Walzenholz.

B. Stöcke, weiche.

Für den Sitzendorfer Forst.

3 Fl. 8 Kr. für 1 Klftr. gute, gegrabene oder geschmatzte,
2 „ 16 „ „ 1 Klftr. geringe dergl.

Für den Unterweißbacher Forst.

2 Fl. 32 Kr. für 1 Klftr. gute, gegrabene oder geschmatzte,
1 „ 52 „ „ 1 Klftr. geringe dergl.

C. Reißig, weiches.

— Fl. 40 Kr. für 1 Schock.

IV. Abtheilung.

A. Weiches Scheit= und Walzenholz.

4 Fl. 32 Kr. für 1 Klftr. ⁷/₄ ellig. gutes Scheitholz,
3 „ 4 „ „ 1 Klftr. „ „ dergl. geringes,
2 „ 4 „ „ 1 Klftr. „ „ dergl. ganz geringes,
2 „ 36 „ „ 1 Klftr. „ „ gutes Walzenholz,
2 „ 4 „ „ 1 Klftr. „ „ dergleichen geringes,
1 „ 32 „ „ 1 Klftr. „ „ dergl. ganz geringes.

Für die Orte Neuhaus, einschließlich Mittelland und Fischbachswiese, Schmalenbuche einschließlich Nußhütte, Lichte einschließlich Ascherbach, Geiersthal, Alsbach, Scheibe, Goldisthal, Oberhammer und Katzhütte:

4 Fl. 8 Kr. für 1 Klftr. ⁷/₄ ellig. gutes Scheitholz,
2 „ 12 „ „ 1 Klftr. „ „ dergl. geringes,
1 „ 44 „ „ 1 Klftr. „ „ dergl. ganz geringes,
2 „ 12 „ „ 1 Klftr. „ „ gutes Walzenholz,
1 „ 40 „ „ 1 Klftr. „ „ geringes dergl.
1 „ 20 „ „ 1 Klftr. „ „ ganz geringes dergl.

B. Stöcke, weiche.

1 Fl. 40 Kr. für 1 Klftr. gute, gegrabene und geschmatzte,
1 „ 28 „ „ 1 Klftr. geringe dergl.

1866.

Gesetzsammlung

für das Fürstenthum Schwarzburg-Rudolstadt.

Drittes Stück vom Jahre 1866.

Nr. III. Ministerial-Bekanntmachung

vom 12. Januar 1866, die Veröffentlichung der Kaiserlich Oesterreichischen Verordnung über die Zulassung ausländischer Actien = und Commanditgesell= schaften auf Actien ꝛc. vom 29. November 1865 betreffend.

Nachstehende Kaiserlich Oesterreichische Verordnung d. d. Schönbrunn den 29. November v. J. über die Zulassung ausländischer Actien= und Commanditgesellschaften auf Actien= ꝛc. wird hierdurch zur öffentlichen Kenntniß gebracht.

Rudolstadt, den 12. Januar 1866.

Fürstl. Schwarzb. Ministerium.

v. Bertrab.

Kaiserliche Verordnung vom 29. November 1865,
über die Zulassung ausländischer Actiengesellschaften und Commanditgesellschaften auf Actien, mit Ausschluß von Versicherungsgesellschaften, zum Geschäftsbetriebe in Oesterreich.

Um Verzögerungen zu vermeiden, welche eine Einleitung diplomatischer Verhand= lungen mit den einzelnen Staaten zur Folge hätte, finde ich in Würdigung der staats= und volkswirthschaftlichen Interessen des Reiches mit Bezug auf den zweiten Artikel Meines Patentes vom 20. September 1865*), nach Anhörung meines Ministerrathes zu verordnen, wie folgt:

*) Reichs-Gesetz-Blatt Nr. 80.

Fürstl. Schw. Rudolst. Gesetzsamml. XXVII.   3

1866.

Artikel I.

Jede ausländische Actiengesellschaft und Commanditgesellschaft auf Actien, mit Ausschluß der Versicherungsgesellschaften, wird in Oesterreich als rechtlich bestehend anerkannt, und zum gewerbemäßigen Betriebe ihrer Geschäfte unter ihrer Firma gleich den hierländigen Gesellschaften derselben Art zugelassen, wenn

a) dieselbe nachweist, daß sie in dem Staate, in welchem sie sich gebildet hat, nach dessen Gesetzen rechtlich besteht und sich dort in wirklicher und regelmäßiger Geschäftsthätigkeit befindet;

b) die Regierung des Staates, dem sie angehört, die hierländigen Gesellschaften gleicher Art zum gewerbemäßigen Geschäftsbetriebe und zur Verfolgung ihrer Rechte vor Gericht im dortigen Staatsgebiete, auf Grundlage der Gegenseitigkeit gleich den einheimischen Gesellschaften zuläßt, wenn ferner

c) die Zwecke der Gesellschaft den hierländigen Staatsinteressen und die Statuten derselben den für die Sicherheit des Verkehrs maßgebenden Grundsätzen der hierländigen Gesetzgebung nicht widerstreiten, und wenn endlich

d) die Gesellschaft durch einen statutenmäßigen, erforderlichen Falls von der Regierung ihres heimatlichen Staates genehmigten Beschluß sich giltig verpflichtet, bei der Ausübung ihres Geschäftsbetriebes in Oesterreich, nebst den allgemeinen Gesetzen, insbesondere den Bestimmungen der gegenwärtigen Verordnung nachzukommen.

Artikel II.

Die Entscheidung über den Eintritt der im Art. I erwähnten Voraussetzungen und die Ertheilung der Zulassungserklärung steht denselben Behörden zu, welche in Ansehung der Errichtung hierländiger Gesellschaften gleicher Art competent sind.

Die Zulassung kann für die ganze statutenmäßige Dauer der ausländischen Gesellschaften oder für eine kürzere Zeitdauer ausgesprochen werden.

Jede Verlängerung derjenigen Zeitdauer, auf welche die ursprüngliche Zulassungserklärung sich erstreckt, jede Errichtung von Filialen oder Agentien, die in derselben nicht begriffen sind, sowie jede, auf Grund einer im Heimatlande der Gesellschaft erfolgten Ergänzung oder Aenderung der Statuten, beabsichtigte Erweiterung oder Aenderung des Geschäftsbetriebes in Oesterreich unterliegt einer neuerlichen Entscheidung derjenigen Behörden, welche die Zulassung erklärt haben.

1866.

Artikel III.

Bevor die ausländische Gesellschaft ihren Geschäftsbetrieb auf Grund der Zulassungsurkunde eröffnet, verlängert, erweitert oder ändert (Art. II), hat dieselbe den Wortlaut dieser Urkunde und die einschlägigen wesentlichen Bestimmungen der Statuten durch diejenigen Blätter zu veröffentlichen, welche durch besondere Verordnungen bestimmt werden. Durch dieselben Blätter haben auch die übrigen Veröffentlichungen zu geschehen, die der Gesellschaft nach diesem Gesetze obliegen.

Artikel IV.

Die Gesellschaft hat für ihren gesammten Geschäftsbetrieb in Oesterreich eine aus einer oder mehreren Personen bestehende, der Staatsverwaltung in Oesterreich zur Genehmigung anzuzeigende und durch die öffentlichen Blätter kundzumachende Repräsentanz zu bestellen, deren Mitglieder an dem Orte der hierländigen Hauptniederlassung ihren bleibenden Wohnsitz haben oder nehmen müssen.

Die hierländige Repräsentanz der Gesellschaft hat diese sowohl gegenüber der Staatsverwaltung, als gegenüber dritten Personen in Oesterreich, gerichtlich und außergerichtlich mit unbeschränkter Vollmacht in allen Angelegenheiten zu vertreten, welche in dem Betriebe der Geschäfte in Oesterreich ihren Grund haben.

In Rechtsstreiten, welche sich auf Angelegenheiten dieser Art beziehen, ist die ausländische Gesellschaft als Geklagte den österreichischen Gerichten unterworfen, und, falls statutenmäßig eine schiedsrichterliche Entscheidung einzutreten hat, ist für derlei Angelegenheiten nur ein in Oesterreich zu bestellendes Schiedsgericht zuständig.

Artikel V.

Die hierländige Repräsentanz der Gesellschaft hat der politischen Landesstelle desjenigen Landes, in welchem die hierländige Hauptniederlassung ihren Sitz hat, innerhalb der ersten drei Monate eines jeden Geschäftsjahres folgende Urkunden über das letztvergangene Geschäftsjahr vorzulegen:

a) die Protokolle der abgehaltenen Generalversammlungen;
b) die General-Bilanz der Gesellschaft;
c) die Special-Bilanz für den Geschäftsbetrieb in Oesterreich, in welcher die für diesen Betrieb bestimmten Activen, sowie die in Oesterreich befindlichen Betriebsanlagen, abgesondert von dem übrigen Vermögen der Gesellschaft nachzuweisen sind.

Außerdem hat die Gesellschaft die obgedachten Bilanzen zu veröffentlichen.

1866.

Artikel VI.

Die Mitglieder der Repräsentanz haften gegenüber sämmtlichen hierländigen Gläubigern der Gesellschaft persönlich für jeden Schaden, welcher aus der Unrichtigkeit der eingereichten Special-Bilanz (Art. V, lit. c.) entstanden ist und durch die Anwendung der pflichtmäßigen Sorgfalt bei der Errichtung desselben hätte vermieden werden können.

Artikel VII.

Die Rechte und Pflichten der in Oesterreich zugelassenen Gesellschaft sind nach den für hierländige Gesellschaften gleicher Art geltenden Gesetzen und Verordnungen zu beurtheilen.

Insbesondere haben auf die Gesellschaft die gesetzlichen Bestimmungen über die Uebung der Staatsaufsicht und, soferne sie in Oesterreich Handelsgeschäfte betreibt, über die Pflicht zur Eintragung in die Handelsregister, wo solche gesetzlich bestehen, Anwendung zu finden.

Auch hat dieselbe, gleich den hierländigen Gesellschaften, von ihren zum Geschäftsbetriebe in Oesterreich gehörigen Betriebsanlagen, von ihren hierlands abgeschlossenen Geschäften und von ihrem Handels- und anderen Einkommen in Oesterreich die Steuern, Abgaben und Gebühren nach Maßgabe der hierländigen Gesetze und Verordnungen zu entrichten.

Artikel VIII.

Die Wirksamkeit der Zulassungserklärung erlischt:

a) Wenn die Gesellschaft den Geschäftsbetrieb in Oesterreich innerhalb der ihr in der Zulassungserklärung ausdrücklich bestimmten oder in Ermanglung einer solchen Bestimmung innerhalb einer Frist von sechs Monaten vom Zeitpuncte der Ertheilung der Zulassungserklärung nicht wirklich eröffnet hat;

b) wenn die Gesellschaft den in Oesterreich schon eröffneten Geschäftsbetrieb ohne Genehmigung der Staatsverwaltung durch einen drei Monate überschreitenden Zeitraum gänzlich eingestellt hat;

c) wenn die Gesellschaft in ihrem heimatlichen Staate rechtlich zu bestehen aufgehört, oder die volle Verfügungs- oder Verkehrsfähigkeit in Betreff ihres Vermögens verloren hat;

d) wenn die Zeit abgelaufen ist, auf deren Dauer in der Zulassungserklärung der gewerbemäßige Geschäftsbetrieb der Gesellschaft in Oesterreich gestattet wurde.

1866.

Durch die Bestimmungen der Fristen in a) und b) wird der Fall nicht ausgeschlossen, daß die Genehmigung zu einzelnen Betriebsanlagen der Gesellschaft auf Grund der Verordnungen der allgemeinen Gewerbegesetze noch vor Ablauf obiger Fristen erlösche.

Artikel IX.

Die Staatsverwaltung kann die Zulassungserklärung widerrufen:

a) wenn der Heimatstaat der Gesellschaft in der Beobachtung der Gegenseitigkeit (Art. I, lit. b) eine für die hierländigen Gesellschaften nachtheilige Aenderung eintreten, oder

b) wenn die Gesellschaft sich Uebertretungen dieses Gesetzes zu Schulden kommen läßt.

Artikel X.

Ueber die Zulassung ausländischer Versicherungsgesellschaften zum Geschäftsbetriebe in Oesterreich wird eine besondere Vorschrift folgen.

Artikel XI.

Die Centralstellen, welche es angeht, sind mit der Vollziehung dieser Verordnung beauftragt.

Schönbrunn, am 29. November 1865.

Franz Joseph m. p.

Alexander Graf **Mensdorff-Pouilly** m. p., F. M. L.

Auf Allerhöchste Anordnung:
Bernhard Ritter von **Meyer** m. p.

1866.

№ IV. Ministerial-Bekanntmachung

vom 18. Januar 1866, den freien Gewerbe-Verkehr mit dem Fürstenthum Schwarzburg-Sondershausen betreffend.

Unter Bezugnahme auf die Bekanntmachung vom 30. September 1864 (Ges. S. 1864, Seite 168) wird hiermit zur öffentlichen Kenntniß gebracht, daß zwischem dem hiesigen Fürstenthume und dem Fürstenthume Schwarzburg-Sondershausen, nachdem in diesem Staate am 1. d. M. die im Wesentlichen mit dem hiesigen Gewerbe-Gesetze vom 8. April 1864 übereinstimmende Gewerbe-Ordnung vom 14. November v. J. in das Leben getreten ist, von jetzt ab rücksichtlich des Gewerbebetriebes Gegenseitigkeit besteht.

Rudolstadt, den 18. Januar 1866.

Fürstl. Schwarzb. Ministerium.
v. Bertrab.

1866.

Gesetzsammlung

für das Fürstenthum Schwarzburg-Rudolstadt.

Viertes Stück vom Jahre 1866.

№ V. Bekanntmachung

der Fürstl. Regierung vom 19. Januar 1866, die in der freien und Hansestadt Hamburg zu Ausstellung von Eheconsensen berechtigten Behörden betr.

Im Anschluß an die Bekanntmachung vom 29. April 1859, die nach dem Gothaer Vertrage vom 15. Juli 1851 zu Ausstellung von Eheconsensen berechtigten Behörden betreffend, wird hierdurch zur öffentlichen Kenntniß gebracht, daß nach einer Mittheilung der freien und Hansestadt Hamburg zur Ertheilung und Ausstellung der Trauscheine, nachdem an die Stelle der bisher bestandenen Wedderbehörde das Civilstands-Amt getreten ist, nunmehr folgende Behörden befugt sind:

für die Stadt und die Vorstadt St. Georg:

das Civilstands-Amt,

für die Vorstadt St. Pauli:

das Patronat dieser Vorstadt,

für das Marsch-Gebiet:

die Landherrenschaft der Marschlande,

für das Geestgebiet:

die Landherrenschaft der Geestlande und

für das Amt Ritzebüttel:

der dortige Amtsverwalter.

Rudolstadt, den 19. Januar 1866.

Fürstl. Schwarzb. Regierung.

v. Bertrab.

G. Wächter.

Ausgegeben in Rudolstadt den 7. Februar 1866.

1 8 6 6.

№. **VI. Ministerial-Bekanntmachung**

vom 2. Februar 1866, den Vertrag zwischen Preußen und den übrigen Zollvereinsstaaten und dem Großherzogthume Luxemburg wegen Fortdauer des
Anschlusses des letzteren an das Zollsystem Preußens ꝛc. betreffend.

Nachdem zwischen Preußen und den übrigen Zollvereinsstaaten einerseits und dem
Großherzogthume Luxemburg andererseits ein Vertrag wegen Fortdauer des Anschlusses
des Großherzogthums Luxemburg an das Zollsystem Preußens und der übrigen Staaten
des Zollvereins abgeschlossen und gegenseitig ratificirt worden ist, so wird dieser Vertrag
nachstehend zur öffentlichen Kenntniß gebracht.

Rudolstadt, den 2. Februar 1866.

Fürstl. Schwarzb. Ministerium.
v. Bertrab.

Vertrag
zwischen

**Preußen, Bayern, Sachsen, Hannover, Württemberg, Baden, Kurhessen, dem
Großherzogthume Hessen, den zum Thüringischen Zoll= und Handels=Vereine
gehörigen Staaten, Braunschweig, Oldenburg, Nassau und der freien Stadt
Frankfurt einerseits und dem Großherzogthume Luxemburg andererseits**

wegen

**Fortdauer des Anschlusses des Großherzogthumes Luxemburg an das Zoll=System
Preußens und der übrigen Staaten des Zollvereines.**

Bei dem bevorstehenden Ablaufe des Vertrages vom 26./31. Dezember 1853,
durch welchen der Anschluß des Großherzogthumes Luxemburg an das Zoll=System
Preußens und der übrigen Staaten des Zollvereines über den durch die Verträge vom
8. Februar 1842 und 2. April 1847 bestimmten Zeitraum hinaus aufrecht erhalten
worden war, haben die kontrahirenden Theile, in Anerkennung der wohlthätigen Wir-
kungen des gedachten Zollanschlusses für den Handel und Verkehr der beiderseitigen
Unterthanen, zum Zwecke der Verlängerung jener Verträge Unterhandlungen eröffnen
lassen, und deßhalb zu Bevollmächtigten ernannt

einerseits

Seine Majestät der König von Preußen für sich und in Vertretung der übrigen Mitglieder des Kraft der Verträge vom 22. und 30. März und 11. Mai 1833, 12. Mai

1 8 6 6.

und 10. Dezember 1835, 2. Januar 1836, 8. Mai und 19. Oktober und 13. November 1841, 4. April 1853 und endlich vom 28. Juni, 11. Juli und 12. Oktober. 1864, sowie vom 16. Mai 1865 bestehenden Zoll- und Handels-Vereines, nämlich der Kronen Bayern, Sachsen, Hannover und Württemberg, des Großherzogthumes Baden, des Kurfürstenthumes Hessen, des Großherzogthumes Hessen, der den Thüringischen Zoll- und Handels-Verein bildenden Staaten, namentlich des Großherzogthumes Sachsen, der Herzogthümer Sachsen-Meiningen, Sachsen-Altenburg und Sachsen-Coburg-Gotha, und der Fürstenthümer Schwarzburg-Rudolstadt und Schwarzburg-Sondershausen, der Fürstlich Reußischen Länder älterer und jüngerer Linie, des Herzogthumes Braunschweig, des Großherzogthumes Oldenburg, des Herzogthumes Nassau und der freien Stadt Frankfurt:

Allerhöchst-Ihren Geheimen Ober-Finanzrath Friedrich Leopold Henning,

und

Allerhöchst-Ihren Geheimen Legationsrath Bernhard Waldemar König,

und andererseits

Seine Majestät der König der Niederlande, Großherzog von Luxemburg,

Allerhöchst-Ihren Vice-Präsidenten am Ober-Gerichtshofe zu Luxemburg und Mitglied des Staatsraths Emanuel Servais

und

den Doktor der Rechte und Advokat-Anwalt zu Luxemburg Carl Munchen, welche nach vorausgegangener Unterhandlung, unter Vorbehalt der Ratifikation, folgenden Vertrag abgeschlossen haben:

Art. 1.

Der Anschluß des Großherzogthumes Luxemburg an das Zoll-System Preußens und der übrigen Staaten des Zollvereines wird vorläufig auf weitere zwölf Jahre, vom 1. Januar 1866 anfangend, also bis zum letzten Dezember 1877 fortgesetzt.

Für diesen Zeitraum bleiben die Verträge vom 8. Februar 1842, 2. April 1847 und 26./31. Dezember 1853 auch ferner, jedoch mit den in den folgenden Artikeln enthaltenen Abänderungen und zusätzlichen Bestimmungen, in Kraft.

Art. 2.

Die Verabredungen, welche in den unter den Zollvereins-Staaten abgeschlossenen Verträgen vom 28. Juni 1864 über die Fortdauer des Zoll- und Handels-Vereines, sowie über den Verkehr mit Tabak und Wein, vom 11. Juli 1864, über den Beitritt von Hannover und Oldenburg zu den obengedachten Verträgen und vom 12. Oktober

1864 über den Beitritt Bayerns, Württembergs, des Großherzogthumes Hessen und Nassau's zu den Zollvereinigungs-Verträgen vom 28. Juni und 11. Juli 1864, endlich in dem Vertrage über die Fortdauer des Zoll- und Handels-Vereines vom 16. Mai 1865 enthalten sind, sollen, auch soweit sich dieß nicht bereits aus den bestehenden vertragsmäßigen Abreden ableitet und soweit sie auf das Verhältniß des Großherzogthumes Luxemburg zu Preußen und den übrigen Zollvereins-Staaten anwendbar sind, für das Großherzogthum Luxemburg maßgebend seyn.

Möchten in Folge des Vorbehalts unter Nr. 6 des Schluß-Protokolles vom 12. Oktober 1864, soweit er durch den Vertrag vom 16. Mai 1865 nicht bereits seine Erledigung gefunden hat, über die daselbst bezeichneten Gegenstände unter den Zollvereins-Staaten weitere für alle Staaten gleichmäßig geltende Verabredungen getroffen werden, so wird denselben auch von Seiten des Großherzogthumes Luxemburg zugestimmt werden.

Art. 3.

Soweit nach den bisherigen Erfahrungen einzelne Abänderungen, Ergänzungen und nähere Bestimmungen der bisherigen Vereinbarungen erforderlich erscheinen, sind deßhalb besondere Verabredungen getroffen worden.

Art. 4.

Sofern der gegenwärtige Vertrag nicht spätestens zwei Jahre vor dessen Ablaufe gekündigt wird, soll derselbe auf zwölf Jahre und so fort von zwölf zu zwölf Jahren als verlängert angesehen werden.

Derselbe soll alsbald sämmtlichen betheiligten Regierungen vorgelegt und es sollen die Ratifikations-Urkunden mit möglichster Beschleunigung, spätestens aber bis zum Schlusse des Jahres 1865 zu Berlin ausgewechselt werden.

Zu Urkund dessen haben die beiderseitigen Bevollmächtigten den gegenwärtigen Vertrag unterzeichnet und untersiegelt.

So geschehen

Berlin am 20. Oktober 1865.   Luxemburg am 25. Oktober 1865.

gez. **Henning.** gez. **König.**   gez. **Servais.** gez. Dr. **Munchen.**

(L. S.)   (L. S.)   (L. S.)   (L. S.)

Gesetzsammlung

für das Fürstenthum Schwarzburg-Rudolstadt.

Fünftes Stück vom Jahre 1866.

№ VII. Verordnung

vom 16. Februar 1866, betreffend verschiedene Abänderungen des Regulativs über die Holzabgabe an die Staatsunterthanen aus den Fürstlichen Forsten in der Fürstlichen Unterherrschaft vom 14. Januar 1859.

In Folge der vorgenommenen Revision des Holzpreis-Regulativs vom 14. Januar 1859 wird mit Höchster Genehmigung Serenissimi verordnet, wie folgt:

Art. 1.
§. 2 fällt weg und kommt an dessen Stelle:

Zu der bestimmten Holztaxe werden blos Brennhölzer zum eigenen Bedarf der inländischen Hauswirthschaften abgegeben.

Von den Brennhölzern, die nach dem jährlich aufzustellenden Distributionsplane für die Abgabe an die Gemeinden zu ermäßigten Preisen bestimmt werden, sind zunächst die Bedürfnisse der Unbemittelten zu befriedigen, das Uebrige kommt zur Vertheilung an die anderen ortsangehörigen Unterthanen.

Art. 2.
Zu §. 4.

Zu den Commerzialhölzern sind, außer den in §. 4 genannten Sortimenten, zu rechnen:

1) alle gesunden harten Scheithölzer,
2) alle Eichenschälhölzer und
3) alle Hölzer, die in mit Privaten in Gemeinschaft besessenen Waldungen geschlagen werden.

Fürstl. Schw. Rudolst. Gesetzsamml. XXVII.   5

Ausgegeben in **Rudolstadt** den 21. Februar 1866.

1866.

Art. 3.

. alin. 1. des §. 5 wird aufgehoben und an dessen Stelle gesetzt:

Jede Gemeinde, deren Angehörige Brennholz aus Fürstlichen Forsten nach den regulativmäßigen Preisen beziehen wollen, ist verpflichtet, die fraglichen Hölzer im Ganzen und die Controle gegen etwaigen Mißbrauch zu übernehmen.

Art. 4.

§. 6 wird bis auf alin. 5 (№ 4) aufgehoben und an dessen Stelle gesetzt:

Auf Grund der bisherigen Abgabe und unter Zurückrechnung der zu Commerzialhölzern auszuscheidenden Brennhölzer wird von der Forstbehörde ein Distributionsplan über die zu regulativmäßigen Preisen an die Gemeinden abzugebenden Hölzer festgestellt.

Hiernach wird den Ortsvorständen das nach den Magazinpreisen abzugebende Quantum bekannt gemacht.

Art. 5.

§. 16 wird aufgehoben.

Art. 6.

§. 17 kommt in Wegfall; es tritt an dessen Stelle:

Das Preisverzeichniß des Regulativs vom 14ten Januar 1859 wird aufgehoben und es treten mit dem Tage der Publication dieser Verordnung die derselben angefügten Preisverzeichnisse bis auf weitere Verordnung in Kraft.

Rudolstadt, den 16. Februar 1866.

Fürstl. Schwarzb. Ministerium.

v. Bertrab.

Verzeichniß

der Preise der Brennhölzer für Staatsunterthanen zum eigenen Bedarf in der Fürstlichen Unterherrschaft.

1. **Für das Seehäuser und Segaer Revier sowie für die Kyffhäuser Forste:**

2 Thlr. 12 Sgr. für 1 Malter mittelhartes gesundes Scheitholz.
1 „ 27 „ für 1 „ weiches gesundes Scheitholz.
2 „ 10 „ für 1 „ harte gesunde Knüppel.
1 „ 21 „ für 1 „ mittelharte gesunde Knüppel.
1 „ 12 „ für 1 „ weiche gesunde Knüppel.
2 „ 10 „ für 1 „ buchene gesunde Spaltklötze.

1 Thlr.	23	Sgr.	für 1	Malter	eichene gefunde Spaltklöße.			
1	„ 23	„	für 1	„	buchene gefunde Wurzelklöße.			
1	„ 12	„	für 1	„	eichene gefunde Wurzelklöße.			
2	„ —	„	für 1	Schock	Heckewellen I. Claffe.		1. Sorte.
1	„ 20	„	für 1	„	dergl.		„	2. „
1	„ 10	„	für 1	„	dergl.		„	3. „
1	„ 18	„	für 1	„	dergl.	II. Claffe.	1. Sorte.
1	„ 8	„	für 1	„	dergl.		„	2. „
1	„ —	„	für 1	„	dergl.		„	3. „
1	„ 4	„	für 1	„	dergl.	III. Claffe	1. Sorte.
—	„ 28	„	für 1	„	dergl.		„	2. „
—	„ 20	„	für 1	„	dergl.		„	3. „
2	„ —	„	für 1	„	Stammwellen I. Claffe	1. Sorte.
1	„ 20	„	für 1	„	dergl.		„	2. „
1	„ 10	„	für 1	„	dergl.		„	3. „
1	„ 12	„	für 1	„	dergl.	II. Claffe	1. Sorte.
1	„ 2	„	für 1	„	dergl.		„	2. „
—	„ 20	„	für 1	„	dergl.		„	3. „

2. Für den Straußberger Forst.

1 Thlr.	26	Sgr.	für 1	Malter	mittelhartes gefundes Scheitholz.			
1	„ 13	„	für 1	„	weiches gefundes Scheitholz.			
1	„ 29	„	für 1	„	hartes gefundes Knüppelholz.			
1	„ 9	„	für 1	„	mittelhartes gefundes Knüppelholz.			
1	„ 2	„	für 1	„	weiches gefundes Knüppelholz.			
1	„ 29	„	für 1	„	buchene gefunde Spaltklöße.			
1	„ 9	„	für 1	„	eichene dergl.			
1	„ 13	„	für 1	Schock	Heckewellen I. Claffe.		1. Sorte
1	„ 4	„	für 1	„	dergl.		„	2. „
—	„ 27	„	für 1	„	dergl.		„	3. „
1	„ 6	„	für 1	„	dergl.	II. Claffe.	1. Sorte.
—	„ 28	„	für 1	„	dergl.		„	2. „
—	„ 22	„	für 1	„	dergl.		„	3. „
1	„ —	„	für 1	„	dergl.	III. Claffe.	1. Sorte.
—	„ 22	„	für 1	„	dergl.		„	2. „
—	„ 16	„	für 1	„	dergl.		„	3. „

1866.

1 Thlr.	13 Sgr.	für 1	Schock Stammwellen	I. Classe.	1.	Sorte.
1 „	4 „	für 1 „	dergl.	„	2.	„
— „	27 „	für 1 „	dergl.	„	3.	„
1 „	6 „	für 1 „	dergl.	II. Classe.	1.	Sorte.
— „	25 „	für 1 „	dergl.	„	2.	„
— „	18 „	für 1 „	dergl.	„	3.	„

3. Für den Schlotheimer Forst.

2 Thlr.	19 Sgr.	für 1	Malter mittelhartes gesundes Scheitholz.
2 „	3 „	für 1 „	weiches gesundes Scheitholz.
2 „	19 „	für 1 „	harte gesunde Knüppel.
1 „	28 „	für 1 „	mittelharte gesunde Knüppel.
1 „	17 „	für 1 „	weiche gesunde Knüppel.
2 „	19 „	für 1 „	buchene gesunde Spaltklötze.
2 „	3 „	für 1 „	eichene dergl.
2 „	3 „	für 1 „	buchene gesunde Wurzelklötze.
1 „	17 „	für 1 „	eichene dergl.
2 „	10 „	für 1 Schock Heckewellen	I. Classe. 1. Sorte.
1 „	28 „	für 1 „	dergl. „ 2. „
1 „	15 „	für 1 „	dergl. „ 3. „
1 „	28 „	für 1 „	dergl. II. Classe. 1. Sorte.
1 „	16 „	für 1 „	dergl. „ 2. „
1 „	5 „	für 1 „	dergl. „ 3. „
1 „	14 „	für 1 „	dergl. III. Classe. 1. Sorte.
1 „	6 „	für 1 „	dergl. „ 2. „
— „	25 „	für 1 „	dergl. „ 3. „
2 „	10 „	für 1 „	Stammwellen I. Classe. 1. Sorte.
1 „	28 „	für 1 „	dergl. „ 2. „
1 „	15 „	für 1 „	dergl. „ 3. „
1 „	22 „	für 1 „	dergl. II. Classe. 1. Sorte.
1 „	10 „	für 1 „	dergl. „ 2. „
— „	25 „	für 1 „	dergl. „ 3. „

1 8 6 6.

Gesetzsammlung

für das Fürstenthum Schwarzburg-Rudolstadt.

Sechstes Stück vom Jahre 1866.

№ VIII. Bekanntmachung

der Fürstlichen Regierung vom 5. Februar 1866, die Ertheilung eines Privilegiums für den Baumeister Friedrich Hoffmann in Berlin auf endlose f. g. ringförmige Oefen, welche zum unausgesetzten Betriebe bei'm Brennen von Ziegeln, Kalk, Cement und anderen Gegenständen dienen.

Mit höchster Genehmigung **Serenissimi** ist dem Baumeister Friedrich Hoffmann in Berlin ein Privilegium auf endlose f. g. ringförmige Oefen, welche zum unausgesetzten Betriebe beim Brennen von Ziegeln, Kalk, Cement und anderen Gegenständen dienen, in der durch Beschreibung nachgewiesenen Weise auf fünf nach einander folgende Jahre von heute ab für den Umfang des hiesigen Fürstenthums mit der Wirkung ertheilt, daß ohne seine Zustimmung Niemand befugt sein soll, diese von ihm erfundenen Oefen in Anwendung zu bringen.

Dieses Privilegium ist jedoch alsdann als erloschen zu betrachten, wenn die Anwendung der fraglichen Erfindung in dem hiesigen Fürstenthume nicht binnen Jahresfrist nachgewiesen werden kann. Auch wird die Neuheit der Erfindung im Sinne der, nach der Bekanntmachung des vormaligen Fürstlichen Geheimeraths-Collegiums vom 12. April 1843 bei Ertheilung von Erfindungs-Patenten in den deutschen Zollvereins-Staaten zu beobachtenden Grundsätze ausdrücklich vorausgesetzt.

Die unterzeichnete Fürstliche Regierung macht solches zur allgemeinen Nachachtung hiermit öffentlich bekannt.

Rudolstadt, den 5. Februar 1866.

Fürstl. Schwarzb. Regierung.

v. Bertrab.

1866.

№ IX. Verordnung,
die Beschaffenheit, die Aufstellung und den Gebrauch von Dampfkesseln betreffend, vom 9. Febr. 1866.

Im Anschluß an §. 32 der Ausführungs-Verordnung zur Gewerbe-Ordnung vom 8. Juli 1864 (Ges.-Samml. 1864 S. 135) und auf Grund des Gesetzes vom 9. März 1855 (Ges.-Samml 1855 S. 48) wird mit Höchster Genehmigung des Durchlauchtigsten Fürsten über die Beschaffenheit, die Aufstellung und den Gebrauch von Dampfkesseln Nachstehendes verordnet:

§. 1.

Zur Aufstellung oder Translocation, zum Umbau, zu wesentlichen Veränderungen und zur Ingangsetzung eines Dampfkessels, (worunter hier jede Vorrichtung zur Erzeugung von Wasserdämpfen verstanden wird, deren Spannung die der Atmosphäre übertrifft) derselbe sei für den Maschinenbetrieb oder zu anderen Zwecken bestimmt, ist die Genehmigung der Regierung erforderlich. Das Gesuch um diese Genehmigung, welchem die zur Erläuterung erforderlichen Zeichnungen und Beschreibungen beigefügt werden müssen (§. 4), ist bei der Ortspolizeibehörde anzubringen. Diese hat das Gesuch ohne Zeitverlust dem Verwaltungsamte unter Beifügung sämmtlicher Beilagen einzusenden und dabei sich darüber auszusprechen, ob mit Rücksicht auf die gewählte Localität oder aus sonstigen polizeilichen Gründen die Gewährung des Gesuches unbedenklich erscheint.

§. 2.

Das Verwaltungsamt hat die Zulässigkeit der Anlage nach den bestehenden allgemeinen Vorschriften, sowie nach Maßgabe der nachstehenden besonderen Bestimmungen, unter Zuziehung des ihm zu diesem Zwecke zugewiesenen Sachverständigen zu prüfen und die Verhandlungen alsdann mit dem Antrage auf Ertheilung oder Versagung der Genehmigung der Regierung vorzulegen. Die Genehmigung wird in Urkundenform ertheilt und die Genehmigungsurkunde dem Unternehmer ausgehändigt.

Bevor der Kessel in Betrieb genommen wird, hat der Unternehmer dem Verwaltungsamte von der Vollendung der Anlage Anzeige zu machen, damit durch den Sachverständigen untersucht werde, ob die Ausführung dem vorgelegten Projecte, bezüglich den ertheilten Vorschriften, entspricht.

1866.

Ist dieses der Fall, so ertheilt das Verwaltungsamt durch einen Erlaß an die Ortspolizeibehörde und den Inhaber des Kessels die Erlaubniß zur Inbetrieb setzung der Anlage.

Wer die Anlage, den Umbau oder eine wesentliche Veränderung eines Dampf kessels ohne vorher eingeholte und erhaltene Genehmigung oder den bei der Genehmi gung gestellten Bedingungen zuwider vornimmt, ist anzuhalten, die Anlage den poli zeilichen Bestimmungen gemäß abzuändern, oder ganz wegzuschaffen.

§. 3.

Wer vor dem Empfange der von dem Verwaltungsamte zu ertheilenden Erlaubniß zur Inbetriebsetzung des Dampfkessels den Betrieb beginnt, verfällt in eine Strafe bis zu

$$175 \text{ Fl.} = 100 \text{ Thlr.}$$

oder nach Befinden verhältnißmäßige Gefängnißstrafe.

§. 4.

Dem Gesuche auf Ertheilung der Genehmigung zur Aufstellung und Benutzung eines Dampfkessels (§. 1) sind nachstehend genannte Zeichnungen und Beschreibungen in doppelter Ausfertigung beizufügen:

I. wenn die Anlegung eines feststehenden Dampfkessels beabsichtigt wird:

1) ein Situations-Plan, welcher auch die zunächst an den Ort der Aufstel lung stoßenden Grundstücke nebst den darauf befindlichen Gebäuden umfaßt und in einem die hinreichende Deutlichkeit gewährenden Maßstabe aufge tragen ist;

2) der Bauriß, welcher das beabsichtigte Unternehmen in seinem ganzen Um fange deutlich darstellt. Aus demselben muß sich der Standpunkt der Ma schine und des Kessels, der Standpunkt und die Höhe des Schornsteins und die Lage der Feuer- und Rauchröhren gegen die benachbarten Grundstücke deutlich ergeben; hierzu kann den Umständen nach ein einfacher Grundriß und eine Längenansicht oder ein Durchschnitt genügen;

3) eine Zeichnung des Kessels in einfachen Linien, aus welcher die Größe der vom Feuer berührten Fläche zu berechnen und die Höhe des niedrigsten zu lässigen Wasserstandes über den Feuerzügen zu ersehen ist;

4) eine Beschreibung, in welcher die Dimensionen des Kessels, die Stärke und Gattung des Materials, die Art der Zusammensetzung, die Dimensionen

6*

der Ventile und deren Belastung, sowie die Einrichtung der Speisevor-richtung und der Feuerung genau angegeben sind.

Die schriftliche Angabe über die Kraft und Art der Dampfmaschine und welche Arbeit sie betreiben soll, genügt hiernach ohne weiteres Eingehen in ihre Konstruktion durch Zeichnungen.

Die Behörde ist jedoch im einzelnen Falle berechtigt, nach Maßgabe der besonderen Verhältnisse noch weitere Nachweisungen zu verlangen;

II. wenn die Anlegung eines Lokomobil-Dampfkessels beabsichtigt wird: eine Zeichnung und Beschreibung, wie vorstehend unter I. Nr. 3 und 4 angegeben ist.

Von den eingereichten Zeichnungen und Beschreibungen wird nach Ertheilung der Genehmigung zur Anlage ein Exemplar dem Antragsteller zu seiner Legitimation be-glaubigt zurückgegeben, das andere aber bei dem Verwaltungsamte aufbewahrt.

§. 5.

Unterhalb solcher Räume, in welchen sich Menschen aufzuhalten pflegen, dürfen Dampfkessel, deren vom Feuer berührte Fläche mehr als sechzig Quadratfuß beträgt, nicht aufgestellt werden. Innerhalb solcher Räume, in welchen Menschen sich auf-zuhalten pflegen, dürfen Dampfkessel von mehr als sechzig Quadratfuß feuerberührter Fläche nur in dem Falle aufgestellt werden, wenn diese Räume (Arbeitssäle oder Werk-stellen) sich in einzeln stehenden Gebäuden befinden und eine verhältnißmäßig be-deutende Grundfläche und Höhe besitzen und wenn die Kessel weder unter Mauerwerk stehen, noch mit Mauerwerk, welches zu andern Zwecken, als zur Bildung der Feuerzüge dient, überdeckt sind.

Jeder Dampfkessel, welcher unterhalb oder innerhalb solcher Räume aufgestellt wird, in welchen Menschen sich aufzuhalten pflegen, muß so eingerichtet sein, daß die Einwirkung des Feuers auf denselben und die Zirkulation der Luft in den Feuerzügen ohne Schwierigkeit gehemmt werden kann.

Zu diesem Behufe muß ein solcher Kessel:

1) mit einer zweckdienlichen Vorrichtung — etwa zum Kippen des Rostes — versehen sein, um denselben sofort der Einwirkung des Feuers möglichst entziehen zu können;

2) muß durch Anbringung von Klappen oder Schiebern die Möglichkeit ge-geben werden, in entscheidenden Momenten den Zutrit der Luft zur Feuerung abzuschließen.

Soll ein Dampfkessel nicht in oder unter Räumen, in welchen Menschen sich aufzuhalten pflegen, aber einer Entfernung von weniger als zehn Fuß von bewohnten Gebäuden aufgestellt werden, so muß er von der äußeren Wand der letzteren durch eine mindestens zwei Fuß starke Schutzwand getrennt werden, deren Höhe seinen höchsten Dampfraum um mindestens drei Fuß übersteigt. Diese Schutzwand kann in Holz oder Stein mit Füllung ausgeführt und durch die Umfassungswand des Kesselraumes gebildet werden.

§. 6.

Die Entfernung der Kesselmauer von den Umfassungswänden des Kesselhauses oder Kesselraumes muß

1) wenn die Umfassungswände vom Fußboden an aus Fachwerk bestehen, mindestens drei und einen halben Fuß,

2) wenn solche wenigstens bis zur Höhe der Kesselmauer massiv sind, mindestens zwei Fuß,

3) wenn sie völlig massiv sind, mindestens vier Zoll

betragen, welche letztere oben abgedeckt und an den Enden bis auf die nöthigen Luftöffnungen verschlossen werden darf.

Die Decke über dem Kessel muß bei neuen Anlagen sechs Fuß von der oberen Kesselmauer, jedenfalls aber so weit entfernt bleiben, daß der Kessel leicht zugänglich ist.

§. 7.

Die durch oder um einen Kessel gelegten Feuerzüge müssen an ihrer höchsten Stelle mindestens vier Zoll unter dem im Dampfkessel festgesetzten niedrigsten Wasserspiegel liegen.

Auf Rauchröhren finden die vorstehenden Bestimmungen in dem Falle keine Anwendung, wenn ein Erglühen des mit dem Dampfraume in Berührung stehenden Theiles ihrer Wandungen nicht zu befürchten steht.

§. 8.

Die Feuerungseinrichtung feststehender Dampfkessel ist in solchen Verhältnissen anzulegen, daß der Rauch so vollkommen als möglich verzehrt oder durch den Schornstein abgeführt werde, ohne die benachbarten Grundbesitzer erheblich zu belästigen. Es sind zu dem Ende die nachfolgenden Vorschriften zu beachten:

1) Die Schornsteinröhre zum Abführen des Rauches kann sowohl massiv, als in Eisen ausgeführt werden:

1866.

a) Im ersteren Falle kann die Röhre in den Wänden eines Gebäudes einge-
bunden sein, oder ganz frei ohne Verband mit den Wänden innerhalb oder
außerhalb des Gebäudes aufgeführt werden; die Wangen müssen aber eine
der Lage und Höhe der Schornsteinröhren angemessene Stärke bekommen.

b) Im zweiten Falle muß um die Röhre, insofern die Aufstellung innerhalb
eines Gebäudes und in der Nähe feuerfangender Gegenstände erfolgt, eine
Verkleidung von Mauersteinen bis zur Höhe des Dachforstes in einer der
Höhe angemessenen Stärke aufgeführt und eine Luftschicht von mindestens
drei Zoll zwischen der Röhre und ihrer Umfassung belassen werden. In
beiden Fällen müssen bei der Ausführung innerhalb eines Gebäudes Holz-
werk oder feuerfangende Gegenstände mindestens einen Fuß weit von den
inneren Wandungen der Schornsteinröhre entfernt bleiben und durch eine
Luftschicht von der letzteren getrennt sein.

2) Die Weite der Schornsteinröhre bleibt der Bestimmung des Unternehmers
überlassen, dergestalt, daß die für sonstige Feuerungsanlagen hinsichtlich der
Weite der Schornsteinröhren geltenden Vorschriften nicht zur Anwendung kommen.

3) Die Höhe der Schornsteinröhre bleibt ebenfalls der Bestimmung des Unternehmers überlassen und ist, da nöthig, von der Regierung dergestalt festzusetzen,
daß die benachbarten Grundbesitzer durch Rauch, Ruß u. s. w. keine erheblichen
Belästigungen oder Beschädigungen erleiden.

Die Regierung ist nach Maßgabe des einzelnen Falles ermächtigt, bei Ertheilung der Genehmigung zur Anlegung eines Dampfkessels hinsichtlich des
Schornsteins den Vorbehalt zu stellen, daß, falls sich später bei der dermalen
zugelassenen Höhe des letzteren eine Belästigung der Nachbarn herausstellen
sollte, der Inhaber des Dampfkessels nach ihrem Ermessen zur Erhöhung des
Schornsteins oder zur Anlegung anderweiter, den Uebelstand beseitigender Vorrichtungen verbunden sei.

Auf Lokomobil-Dampfkessel finden diese Bestimmungen nur in dem Falle Anwendung, wenn solche ständig an einer bestimmten Stelle in Betrieb gehalten werden.
Werden dagegen die Lokomobilen umhergeführt, und zur Verrichtung ländlicher
Arbeiten, zur Wasserhebung und dergleichen in Betrieb gesetzt, so genügt zur Verhütung der Belästigung der Nachbarschaft durch Rauch die Vorschrift, daß der Schornstein der Feuerung die Firste der in geringerer Entfernung als 50 Fuß vom Aufstellungs-

1866.

orte belegenen Wohngebäude um 5 Fuß überragen muß, von welcher Bedingung in-
deſſen Abſtand zu nehmen iſt ſofern die Beſiter der in der Nähe befindlichen Häuſer
ſich mit geringerer Höhe des Schornſteins einverſtanden erklären.

Zur Verhütung von Bränden durch Lokomobilen iſt dahin zu ſehen, daß an denſelben überall geeignete Vorrichtungen angebracht werden, durch welche dem Verwehen
glühender Kohlentheile möglichſt vorgebeugt wird.

Zu dem Ende ſind ähnlich wie bei den Eiſenbahn-Lokomotiven verſchließbare
Aſchenkaſten anzubringen. Ferner muß, da die Lokomobilen umher geführt und an
weit entfernten Orten in Betrieb geſetzt werden können, der betreffende Dampfkeſſel
zur Feſtſtellung der Identität mit demjenigen Dampfkeſſel, auf welchen die Genehmigung ſich bezieht, mit der Bezeichnung des Namens und Wohnortes des Fabrikanten,
ingleichen mit einer fortlaufenden Fabrik-Nummer in dauerhafter und leicht erkenn-
barer Weiſe verſehen werden.

§. 9.

Jeder Dampfkeſſel muß mit mehr als einer der beſten bekannten Vorrichtungen
zur jederzeitigen zuverläſſigen Erkennung der Waſſerſtandshöhe im Innern deſſelben,
wie z. B. mit gläſernen Waſſerſtandsröhren, mit Probir-Hähnen oder Schwimmern
u. ſ. w. verſehen ſein. Dieſe Vorrichtungen müſſen unabhängig von einander wirk-
ſam und es muß eine von ihnen mit einer in die Augen fallenden Marke des Nor-
mal-Waſſerſtandes verſehen ſein.

§. 10.

An jedem Dampfkeſſel muß ein Speiſe-Ventil angebracht ſein und außerdem muß
jeder Dampfkeſſel mit wenigſtens zwei zuverläſſigen Vorrichtungen zur Speiſung verſehen ſein, welche ein und dieſelbe Betriebskraft nicht haben dürfen und von denen
jede für ſich im Stande ſein muß, das zur Speiſung erforderliche Waſſer zuzuführen.
Mehrere zu einem Betriebe vereinigte Dampfkeſſel werden hierbei als ein Keſſel an-
geſehen.

§. 11.

Auf jedem Dampfkeſſel müſſen ein oder mehrere zweckmäßig ausgeführte Sicherheits-Ventile angebracht ſein, welche nach Abzug der Stiele und der zur Führung
derſelben etwa vorhandenen Stege für jeden Quadrat-Fuß der geſammten vom Feuer
berührten Fläche im Ganzen mindeſtens die nachſtehend beſtimmte freie, zur Abführ-
rung der Dämpfe dienende Oeffnung haben, nämlich bei einem Ueberſchuß der Dampf
ſpannung über den Druck der äußern Atmoſphäre von

mehr als

0 bis ½	½ bis 1	1 bis 1½	1½ bis 2	2 bis 2½	2½ bis 3	3 bis 3½	3½ bis 4	4 bis 4½	4½ bis 5	5 bis 5½	5½ bis 6	Atmosphäre,
12,₂	8,₆	6,₄	5,₃	4,₆	4,₀	3,₅	3,₀	2,₆	2,₃	2,₂	2,₀	☐ Linien freie Oeffnung.

Wenn mehrere Keſſel einen gemeinſchaftlichen Dampfraum oder ein gemeinſchaft-
liches Dampf-Abführungsrohr haben, von welchem ſie nicht einzeln abgeſperrt werden können, ſo genügt es, wenn darauf im Ganzen mindeſtens zwei dergleichen Ventile angebracht ſind.

Die Ventile müſſen gut bearbeitet und ſo eingerichtet ſein, daß ſie zwar beliebig
geöffnet, aber nicht mehr belaſtet werden können, als die vorgeſchriebene Spannung
der Dämpfe erfordert. Sind zwei oder mehrere Ventile angeordnet und beſitzt eines
derſelben die im Vorſtehenden feſtgeſetzte freie Oeffnung zum Abführen der Dämpfe,
ſo genügt es, wenn nur dies eine Ventil gegen unbefugte Belaſtung geſchützt wird.
Die Belaſtungsgewichte der Ventile ſind nach erfolgter Feſtſtellung zu aichen. Für
das Ventil und den Belaſtungshebel muß eine Führung angebracht und bei beſchränk-
tem Dampfraum im Keſſel eine Vorrichtung getroffen werden, durch welche beim Erheben des Ventils das Ausſpritzen des Keſſelwaſſers durch die Oeffnung verhindert wird.

Lokomobil-Keſſel müſſen mindeſtens zwei Sicherheits-Ventile haben.

§. 12.

An jedem Dampfkeſſel oder an den Dampf-Leitungsröhren muß eine Vorrichtung
angebracht ſein, welche den ſtattfindenden Druck der Dämpfe im Keſſel zuverläſſig an-
giebt (Manometer).

Wenn mehrere Dampfkeſſel einen gemeinſchaftlichen Dampfraum oder ein gemein-
ſchaftliches Dampfrohr haben, von dem ſie nicht einzeln abgeſperrt werden können, ſo
genügt es, wenn die Vorrichtung an einem Keſſel oder an dem gemeinſchaftlichen
Dampfraume oder Dampfrohre angebracht wird.

1 8 6 6.

Die Wahl der Konstruktion für die Manometer ist freigestellt, es muß jedoch, um ihre Richtigkeit prüfen zu können, ein oben offenes Quecksilberröhren-Manometer (Kontrole-Manometer) vorhanden sein, mit welchem jeder mit einem anderen Manometer versehene Dampfkessel in Verbindung gebracht werden kann.

Ist wegen besonderer örtlicher Verhältnisse eine Verbindung des Kontrole-Manometers mit dem Dampfraume des Kessels nicht zulässig, so kann ausnahmsweise das Kontrole-Manometer, von dem Kessel entfernt, an einem geeigneten Orte aufgestellt werden, vorausgesetzt, daß das Kontrole-Manometer mit der zur Erzeugung des Druckes erforderlichen Vorrichtung versehen ist.

An allen Manometern, mit Ausschluß der Kontrole-Manometer, muß die in der polizeilichen Genehmigung zur Benutzung des Dampfkessels zugelassene höchste Dampfspannung durch eine in die Augen fallende Marke bezeichnet sein.

Als Kontrole-Manometer sind alle diejenigen Manometer zulässig, bei denen eine Quecksilbersäule von 32 Zoll sächsisch = 29 Zoll rhein. Höhe dem Druck einer jeden Atmosphäre entspricht.

§. 13.

Für kleine Dampfkessel von höchstens 3 Fuß Durchmesser und 8 Fuß Länge, in denen die Dampfspannung den Druck der äußeren Atmosphäre nur um ½ Atmosphäre übersteigt, sind statt der in §§. 9, 10, 11 und 12 vorgeschriebenen Apparate genügend:

a) ein Wasserstands-Glasrohr oder 2 Probirhähne,

b) ein Stand- oder Sicherheits-Rohr,

welches je nach Bedürfniß in ein hinreichend hoch aufgestelltes Wasser-Reservoir zur Speisung des Kessels ausmünden kann. Ist ein solches nicht vorhanden, so muß der Kessel mit einer anderen zuverlässigen Vorrichtung (Handpumpe) zur rechtzeitigen Füllung desselben mit Wasser versehen sein.

Das durchweg offene Sicherheitsrohr soll einen so großen lichten Durchmesser haben, als die Oeffnung eines Sicherheits-Ventils nach §. 11 für den betreffenden Kessel haben müßte, soll ferner bis auf das Niveau der Abdeckung der umlaufenden Feuerzüge herabreichen und darf eine lothrechte Höhe incl. des Reservoirs von 20 Fuß über dem Niveau des niedrigsten Wasserstandes nicht übersteigen, auch nicht mit einem Verschluß versehen sein. Für Dampfkessel von den bezeichneten Abmessungen, für welche eine höhere Spannung des Dampfes gefordert wird, ist das Sicherheitsrohr entsprechend zu erhöhen.

Für Dampfkessel, deren gesammte Heizfläche 4 Quadrat-Fuß nicht übersteigt,

1 8 6 6.

genügt ein Sicherheits-Ventil, jedoch von einem 1½ mal so großen Durchmesser der Ausströmungsöffnung, als der nach §. 11 vorgeschriebene.

§. 14.

Die Verwendung von Gußeisen zu den Wandungen der Dampfkessel, der Feuerröhren und Siederöhren ist ohne Ausnahme und ohne Unterschied der Abmessungen untersagt. Zu den Wandungen sind in dieser Beziehung nicht zu rechnen: Dampfdome, Ventil-Gehäuse, Mannlochdeckel, Deckel von Reinigungslucken und Rohrstutzen, letztere, sofern sie nicht von Kesselmauerwerk umschlossen oder vom Feuer berührt sind.

Die Verwendung von Messingblech zu den Wandungen der Dampfkessel ist gleichfalls untersagt, es ist jedoch gestattet, sich des Messingbleches zu Feuerröhren bis zu einem innern Durchmesser von vier Zollen zu bedienen.

§. 15.

Um die Dampfkessel gegen das Zerreißen und Zerspringen durch den Dampfdruck zu sichern, darf zur Fertigung derselben nur gutes Material verwendet werden.

Es wird zwar eine bestimmte Stärke des Materials für die Kessel nicht vorgeschrieben, es ist jedoch jedenfalls dafür zu sorgen, daß die Wandstärke des Kessels, sowie der Siede- und Feuer-Röhren, beziehungsweise des Feuerkastens mit Rücksicht auf die etwa vorhandene Veranterung durch Stehbolzen, dem beabsichtigten Dampfdruck entsprechend, gewählt, auch jedes Feuerrohr, dessen Durchmesser mehr als vier Zoll beträgt, durch eine angemessene Verstärkung gegen ein Zusammendrücken und Abreißen gesichert werde.

Bei Aufstellung von Dampfkesseln mit innerer Feuerung (sogenannten Kornwellkesseln), deren Länge mehr als 15 Fuß beträgt, ist das Feuerrohr der Art zu unterstützen oder so zu verstärken, daß ein Durchbiegen des durch die Feuerung sehr beschwerten Feuerrohrs nicht erfolgen kann.

§. 16.

Jeder Dampfkessel muß, bevor er eingemauert und ummantelt wird, nach Verschluß sämmtlicher Oeffnungen und Belastung der Sicherheits-Ventile mittelst einer Druckpumpe mit Wasser geprüft werden, und zwar mit dem zweifachen Betrage des dem Druck der beabsichtigten Dampfspannung entsprechenden Gewichtes.

Die Kesselwände und die Wände der Feuerzüge müssen dieser Prüfung widerstehen, ohne eine Veränderung ihrer Form zu zeigen. Diese Druckprobe muß wiederholt werden:

1866.

a) wenn der Keſſel einer weſentlichen Reparatur hat unterworfen werden müſſen,
b) wenn feſtſtehende Keſſel an einer andern Betriebsſtätte aufgeſtellt werden.

§. 17.

An jedem Keſſel muß der nach der polizeilichen Genehmigung zuläſſige Ueberſchuß
der Dampfſpannung über den Druck der äußeren Atmoſphäre, ſowie der Name des
Fabrikanten, die laufende Fabrik-Nummer und das Jahr der Anfertigung in leicht er-
kennbarer und dauerhafter Weiſe angegeben ſein.

§. 18.

Die im §. 2 vorgeſchriebene Unterſuchung muß ſich
    1) auf die vorſchriftsmäßige Konſtruktion des Dampfkeſſels,
    2) auf die gehörige Ausführung der ſonſtigen, in dieſer Verordnung oder
        in der Genehmigungs-Urkunde enthaltenen Beſtimmungen
erſtrecken. Die Unterſuchung des Keſſels muß vor deſſen Aufſtellung erfolgen und
kann in der Fabrik, wo derſelbe verfertigt worden, oder an dem Orte geſchehen, wo
er aufgeſtellt werden ſoll.

Im erſteren Falle hat die Unterſuchung und die Ausſtellung des betreffenden Zeug-
niſſes durch eine in dem betreffenden Staate zu derartigen Funktionen amtlich berufene
Perſon zu geſchehen.

Die Unterſuchung über die Ausführung der ſonſtigen Beſtimmungen wird nach
Aufſtellung des Dampfkeſſels vorgenommen. Beide Unterſuchungen werden mit thunlichſter Beſchleunigung nach geſchehener Anzeige von der erfolgten Vollendung oder An-
kunft des Keſſels am Beſtimmungsorte, beziehungsweiſe von der geſchehenen Aufſtellung deſſelben angeſtellt, und es ſind die hierüber zu ertheilenden Beſcheinigungen mit
thunlichſter Beſchleunigung auszufertigen.

§. 19.

Soll ein Dampfkeſſel, welcher nach Maßgabe der zur Zeit ſeiner Aufſtellung
geltenden Vorſchriften geprüft worden iſt, an einem anderen Orte aufgeſtellt und be-
nutzt werden, ſo kann eine Abänderung ſeiner Konſtruktion nicht gefordert werden.
Was dagegen in ſolchem Falle die anderweite Aufſtellung und Inbetriebſetzung
des Keſſels anlangt, ſo ſind die in der gegenwärtigen Verordnung getroffenen Beſtimmungen zu beobachten.

§ 20.

Der Inhaber eines im Betriebe befindlichen Dampfkeſſels iſt verpflichtet, für die
7

Erhaltung deſſelben und ſeiner Zubehörungen in demjenigen Zuſtande Sorge zu tragen, welcher in der für die Keſſelanlage ertheilten polizeilichen Genehmigung vorgeſchrieben iſt. Verletzungen dieſer Verpflichtung durch Handlungen oder Unterlaſſungen werden, ſofern nicht nach den allgemeinen Strafgeſetzen eine höhere Strafe in Anwendung kommt, mit Geldbuße bis zu

175 Gulden = 100 Thaler,

oder entſprechendem Gefängniß beſtraft.

§. 21.

Derſelben Strafe unterliegt Derjenige, welcher die Abwartung eines Dampfkeſſels übernommen hat (Keſſelwärter), wenn er die zum gefahrloſen Betriebe des Keſſels erforderlichen Vorrichtungen zu gebrauchen unterläßt, oder einen in gefahrloſem Zuſtande nicht befindlichen Keſſel im Betriebe erhält.

§. 22.

Inſofern die Verletzung der dem Keſſelwärter obliegenden Verpflichtung (§. 21) mit Vorwiſſen des Keſſelinhabers Statt gefunden hat, trifft den letzteren die im §. 20 verordnete Strafe ebenfalls.

Der Keſſelinhaber (§. 20 a. A.) iſt in dieſem Falle für die gegen den Keſſelwärter feſtgeſetzten Geldſtrafen ſubſidiariſch verhaftet und iſt es dem Ermeſſen des Gerichtes überlaſſen, die gegen den Keſſelwärter nicht vollſtreckbare Geldſtrafe von ihm einzuziehen, oder ſtatt deſſen die im Unvermögensfalle an die Stelle der Geldbuße tretende Freiheitsſtrafe ſogleich an dem Keſſelwärter vollſtrecken zu laſſen.

§. 23.

Das Verwaltungsamt hat dafür zu ſorgen, daß jeder im Betriebe befindliche Dampfkeſſel bis auf weitere Beſtimmung alljährlich einmal einer techniſchen Unterſuchung unterworfen werde, wenn die Dämpfe deſſelben mechaniſch wirken.

Bei allen anderen Keſſeln erfolgt die Unterſuchung nur alle zwei Jahre. Dieſe Unterſuchung hat zum Zweck, den Zuſtand der zur Sicherheit des Betriebes erforderlichen Vorrichtungen und deren Uebereinſtimmung mit den in der polizeilichen Genehmigung für Keſſelanlagen deßhalb getroffenen Beſtimmungen feſtzuſtellen und iſt daher zu richten:

1) auf die Vorrichtung zum regelmäßigen Speiſen des Keſſels;

2) auf die Ausführung und den Zuſtand der Mittel, den Normal-Waſſerſtand in dem Keſſel zu allen Zeiten mit Sicherheit erkennen zu können;

1866.

3) auf die Vorrichtungen, welche gestatten, den etwaigen Niederschlag an den Kesselwandungen zu entdecken und den Kessel reinigen zu können;

4) auf die Vorrichtungen zum Erkennen der Spannung der Dämpfe im Innern des Kessels;

5) auf die Ausführung und den Zustand der Mittel, den Dämpfen einen freien Abzug zu gestatten, wenn die Normal-Spannung erreicht, bezüglich überschritten wird;

6) auf die Ausführung und den Zustand der Feuerungsanlage selbst, die Mittel zur Regelung und Absperrung des Zutrittes der atmosphärischen Luft und zur thunlichst schnellen Beseitigung des Feuers.

Die Prüfung der Stärken und Widerstandsfähigkeit der Kesselwände ist nicht Gegenstand der Untersuchung, auch darf eine Unterbrechung des Betriebes lediglich zum Zweck der technischen Prüfung nicht verlangt werden.

§. 24.

Der mit der Untersuchung beauftragte Sachverständige hat sich davon zu überzeugen, ob der Kesselwärter die zur Sicherheit des Betriebes erforderlichen Vorrichtungen kennt und anzuwenden versteht.

§. 25.

Der Sachverständige nimmt über die Ergebnisse der Untersuchung eine Verhandlung auf, welche von dem Kesselinhaber oder dessen Stellvertreter und dem Kesselwärter zu unterzeichnen ist. Verweigern diese oder einer von ihnen die Unterschrift, so wird dieses unter Angabe der Verweigerungsgründe in der Verhandlung bemerkt. Abschrift der letzteren wird dem Kesselinhaber auf Verlangen kostenfrei ausgehändigt. Außerdem wird der Befund der Untersuchung in ein von dem Kesselinhaber zu haltendes Revisions-Buch eingetragen. Diesem Buche ist das nach der Aufstellung des Kessels ertheilte amtliche Aufnahme-Attest anzuhängen.

Der Sachverständige legt die über die Untersuchung aufgenommene Verhandlung dem Verwaltungsamte zur weiteren Verfügung vor. Dabei hat er auf eine etwa vorgefundene Unbrauchbarkeit des Kesselwärters aufmerksam zu machen, und das Verwaltungsamt ist berechtigt, dem Inhaber des fraglichen Dampfkessels die alsbaldige Anstellung eines anderen geeigneten Kesselwärters unter Androhung einer Geldstrafe bis zu 17 Fl. 30 Kr. = 10 Thalern oder entsprechender Gefängnißstrafe aufzugeben.

§. 26.

Hat die Untersuchung eines Dampfkessels ergeben, daß eine oder mehrere der im §. 23 bezeichneten Vorrichtungen sich in einem Zustande befinden, welcher eine Gefahr zur Folge haben kann, und hat diesem Zustande nicht sofort abgeholfen werden können, so nimmt der Sachverständige nach Ablauf der zur Herstellung des vorschriftsmäßigen Zustandes für erforderlich zu achtenden und von ihm zu bestimmenden Frist, eine außerordentliche Untersuchung vor, für welche die in §§. 22—25 ertheilten Vorschriften gleichfalls Anwendung finden.

Ergiebt sich hierbei, daß mit der Fortsetzung des Betriebes dringende Gefahr für das Leben und die Gesundheit von Menschen herbeigeführt wird, so ist das Verwaltungsamt ermächtigt, den Betrieb des Dampfkessels bis nach erfolgter Beseitigung jener Gefahr zu sistiren.

Das Revisionsbuch ist im Kesselhause aufzubewahren, so daß dasselbe jederzeit eingesehen werden kann.

§. 27.

Der Sachverständige hat eine außerordentliche Untersuchung auch dann anzustellen, wenn er von der Ortspolizeibehörde oder dem Verwaltungsamte dazu aufgefordert wird.

§. 28.

Die Kosten der nach §. 18 Statt findenden ersten Untersuchungen eines Dampfkessels, ingleichen die Kosten der nach §§. 23 und 26 regelmäßigen alljährlichen Revisionen der im Betriebe befindlichen Dampfkessel, fallen dem Inhaber des Kessels (§. 20) zur Last. Ist jedoch die außerordentliche Untersuchung auf Grund der Bestimmung des §. 27 vorgenommen und hat sich bei derselben ein Mangel nicht ergeben, so ist der Kesselinhaber zur Zahlung der Kosten nicht verpflichtet.

§. 29.

Die Sachverständigen haben mit Schluß jeden Jahres über die im Laufe des vorhergegangenen Jahres von ihnen revidirten Kessel Listen unter Angabe der gemachten Monita der Fürstlichen Regierung einzureichen.

§. 30.

Wenn ein Dampfkessel explodirt, so ist behufs der erforderlichen technischen Erörterung ohne Zeitverlust eine Revision durch den Sachverständigen von Seiten des Verwaltungsamtes zu veranlassen. Mit der sofortigen Anzeige der Ortspolizeibehörde an das Verwaltungsamt ist eine gleichzeitige Anzeige an die Regierung zu verbinden.

1 8 6 6.

Der Sachverständige hat nach vorgenommener Revision eine Beschreibung des Thatbestandes, unter Beilegung von Zeichnungen, und eine Angabe über den vermuthlichen Grund der Explosion, erforderlichen Falles nach protocollarischer Vernehmung von Zeugen, an die Fürstliche Regierung einzusenden.

§. 31.

Schließlich wird im Hinblick auf die Schlußbestimmung des §. 23 rücksichtlich der beim Erscheinen dieser Verordnung bereits im Betriebe befindlichen Kessel bestimmt, daß zum Zweck der Vornahme ihrer ersten Untersuchung die Unterbrechung des Betriebes derselben auf einige Stunden von dem revidirenden Sachverständigen angeordnet werden kann.

Rudolstadt, den 9. Februar 1866.

Fürstl. Schwarzb. Ministerium.

v. Bertrab.

1 8 6 6.

Geſetzſammlung

für das Fürſtenthum Schwarzburg-Rudolſtadt.

Siebentes Stück vom Jahre 1866.

№ X. Verordnung

der Fürſtl. Regierung vom 2. März 1866, die ſelbſtſtändige Ausführung und Leitung von Bauten betreffend.

Nachdem durch die Beſtimmungen der neuen Gewerbegeſetzgebung über die ſelbſt-ſtändige Ausführung und Leitung von Bauten (Gewerbe-Ordnung vom 8. April 1864 §. 18 und Ausführungs-Verordnung vom 8. Juli 1864 §. 28) eine Abänderung der Verordnung vom 15. Juli 1839 über das Arbeiten der Maurer- und Zimmergeſellen auf eigene Rechnung — Geſ.-Samml. von 1844 S. 55 — nothwendig geworden iſt, ſo verordnen Wir mit höchſter Genehmigung Serenissimi unter Aufhebung jener Verordnung, was folgt:

§. 1.

Jeder Bauherr oder Bauunternehmer, welcher die geſetzliche Befähigung zur ſelbſtſtändigen Ausführung und Leitung von Bauten nicht beſitzt, hat, bevor mit der Ausführung eines Baues begonnen werden darf, für diejenigen Arbeiten, welche zu den Verrichtungen der Zimmerleute, Maurer, Steinhauer gehören, die Beſcheinigung eines nach §. 28 der Ausführungs-Verordnung vom 8. Juli 1864 zum ſelbſtſtändigen Betriebe des betreffenden Handwerks-Berechtigten (eines Meiſters),

daß dieſer den Bau, oder die bei dem Bau vorkommenden Arbeiten ſeines Gewerbes übernommen habe,

der Polizeibehörde des Ortes, wo der Bau ausgeführt werden ſoll, ſchriftlich einzureichen. Einer ſolchen Beſcheinigung bedarf es für jedes der betheiligten Bauhandwerke, ſoweit nicht der zugezogene Meiſter auch die Arbeiten des anderen Gewerkes mit über-nommen hat.

Fürſtl. Schw. Rudolſt. Geſetzſamml. XXVII.   8

Ausgegeben in **Rudolſtadt** ben 28. März 1866.

Ein Wechsel in der Person der Meister ist der Ortspolizeibehörde binnen 3 Tagen schriftlich anzuzeigen.

§. 2.

Der Meister ist verpflichtet, entweder das in seinem Auftrage mit Bauarbeiten beschäftigte Hülfspersonal persönlich auf der Baustelle zu beaufsichtigen, oder die Ausführung der übernommenen Arbeiten auf jeder Baustelle je einem Gesellen oder Polirer durch einen Arbeitsschein zu übertragen.

Dieser Arbeitsschein muß die Erklärung enthalten: daß der Aussteller dem (in dem Scheine genannten) Gesellen die Ausführung der von ihm (dem Aussteller) übernommenen — nach dem Gegenstande und dem Orte des Baues zu bezeichnenden — Arbeit und — sofern noch andere Arbeiter desselben Meisters mitwirken sollen — die Beaufsichtigung seiner dabei beschäftigten Arbeiter übertragen habe.

Der Aussteller des Arbeitsscheines ist dafür verantwortlich, daß der Geselle oder Polirer, welchem er die Beaufsichtigung der außerdem zugezogenen Arbeiter übertragen hat, während der Arbeit fortdauernd auf der Baustelle verweilt.

Er selbst muß auf derselben aber wöchentlich wenigstens einmal zum Zweck der Revision sich einfinden.

Jedem auf der Baustelle erscheinenden Bau- oder Polizeibeamten ist der Arbeitsschein auf Verlangen vorzuzeigen.

§. 3.

Bauherren, Bauunternehmer oder Handwerksmeister, welche diesen Bestimmungen entgegenhandeln, ingleichen Gesellen, welche auf Grund eines Arbeitsscheines mit der Beaufsichtigung eines Baues beauftragt, sich ohne triftige Gründe von der Baustelle entfernen, sind mit Geld bis zu 87 Fl. 30 Kr. = 50 Thlr. oder verhältnißmäßiger Gefängnißhaft zu bestrafen.

Rudolstadt, den 2. März 1866.

Fürstl. Schwarzb. Regierung.

v. Bertrab.

Wiemann.

1866.

№ XI. Bekanntmachung

des Fürstlichen Finanzcollegiums vom 9. März 1866, eine Modification der
Chausseegeldtarife betreffend.

Mit höchster Genehmigung ist die Anordnung getroffen, daß vom 1. April d. J.
bis auf Weiteres von beladenem Lastfuhrwerke, wenn der Radbeschlag desselben aus-
wärts und in gerader Fläche 6 Zoll und darüber breit, auch ohne hervorstehende Nägel
oder Stifte ist, ohne Rücksicht auf die Anzahl der Zugthiere und somit auch in dem
Falle, wenn die Bespannung der vierräderigen Lastwagen mehr als 6 Zugthiere und
diejenige der zweiräderigen Lastwagen mehr als 3 Zugthiere beträgt, durchgehends blos
der einfache Chausseegeldersatz erhoben wird, wie derselbe nach den Specialtarifs der
einzelnen Chausseegelderhebestellen für vierräderiges beladenes Lastfuhrwerk bei einer
Bespannung von 4 und weniger Zugthieren unter Position II. A. 1 a. und für zwei-
räderiges beladenes Lastfuhrwerk bei einer Bespannung von 1 oder 2 Zugthieren unter
Position II. A. 2 a. besteht.

Rudolstadt, den 9. März 1866.

Fürstl. Schwarzb. Finanzcollegium.

v. Ketelhodt.

A. Koch.

Gesetzsammlung

für das Fürstenthum Schwarzburg-Rudolstadt.

Achtes Stück vom Jahre 1866.

№ XII. Verordnung

der Fürstlichen Regierung, die Sicherheitsmaßregeln gegen tolle Hunde betreffend, vom 23. März 1866.

Zum Zweck möglichster Sicherung des Publikums gegen die Gefahr einer Beschädigung durch wuthkranke Hunde wird mit Höchster Genehmigung **Serenissimi** und auf Grund des Gesetzes vom 9. März 1855 (Ges. Samml. 1855 Seite 48) Nachfolgendes verordnet:

§. 1.

Die Ortspolizeibehörde, in deren eigenem oder Nachbarbezirke ein toller oder der Tollwuth verdächtiger Hund frei umhergelaufen ist oder bereits Menschen und Thiere verletzt hat, hat unverzüglich anzuordnen:

1) daß die von dem wuthkranken oder der Tollwuth verdächtigen Hunde gebissenen Hunde sofort getödtet und

2) daß neun Wochen lang alle Hunde, welche nicht in den Häusern oder Gehöften eingesperrt sind oder an der Kette liegen, entweder von einer erwachsenen Person an einer ausreichend starken und möglichst kurz zu haltenden Leine geführt oder mit einem gut befestigten und das Beißen verhindernden Maulkorbe von starken Drahtstangen oder Draht-Flechtwerk versehen werden.

Von dieser Maßregel können ausgenommen werden:

a) Hirten-Hunde bei der Heerde,

b) Jagdhunde im Revier.

Die trotz der erlassenen Anordnung aufsichtslos umherlaufenden Hunde können von Jedermann eingefangen und, wenn sie nicht innerhalb 3 Tagen von dem Eigenthümer gegen eine Fanggebühr von 52½ Kr. = 15 Sgr. eingelöst sind, getödtet werden.

Fürstl. Schw. Rudolst. Gesetzsamml. XXVII.　　　9

Ausgegeben in **Rudolstadt** den 21. April 1866.

1866.

§. 2.

Die Polizeibehörde des Ortes, in welchem ein wuthkranker oder der Tollwuth verdächtiger Hund umhergelaufen ist oder Thiere oder Menschen gebissen hat, ist verpflichtet, sofort den Polizeibehörden der angrenzenden Gemeindebezirke davon Kenntniß zu geben und gleichzeitig dem betreffenden Verwaltungsamte Anzeige zu erstatten. Dem letzteren bleibt es überlassen, die unter §. 1 erwähnten Anordnungen nach den Umständen auf eine größere Zahl von Gemeindebezirken auszudehnen, auch im Einvernehmen mit dem Physikus und dem Thierarzte die durch die besonderen Verhältnisse etwa gebotenen weitergehenden Sicherheitsmaßregeln zu treffen.

§. 3.

Der Besitzer eines Hundes, an welchem Anzeigen der Tollwuth wahrgenommen werden, ist verpflichtet, denselben entweder sofort zu tödten und sorgfältig 4 bis 6 Fuß tief eingraben zu lassen oder ihn sicher abzusperren und gleichzeitig der Ortspolizeibehörde Anzeige zu machen, damit diese je nach dem Grade der Gefahr die sofortige Tödtung des Hundes oder dessen Absperrung und thierärztliche Untersuchung anordnen kann. Spricht sich das ärztliche Gutachten auch nur für den Verdacht der Tollwuth des Hundes aus, so ist derselbe sofort zu tödten und vorschriftsmäßig einzugraben.

§. 4.

Die von wuthkranken oder der Tollwuth verdächtigen Hunden gebissenen Hunde sind unerwartet der im §. 1 erwähnten allgemeinen Anordnung von ihrem Besitzer sofort zu tödten, andere gebissene Thiere aber, sofern sie nicht bei vorhandener dringender Gefahr ebenfalls getödtet werden, sicher abzusperren. Gleichzeitig ist der Ortspolizeibehörde Anzeige zu erstatten, welche dann nach Analogie der Bestimmung im §. 3 zu verfahren hat.

§. 5.

An Geld bis zu 87 Fl. 30 Kr. = 50 Thlr. oder mit Gefängniß bis zu 6 Wochen wird gestraft:

1) wer einen in seinem Besitze befindlichen, toll gewordenen oder von einem tollen Hunde gebissenen Hund nicht sofort tödtet oder tödten läßt und die Ortspolizeibehörde nicht sogleich davon in Kenntniß setzt (§. 4 und §. 1 sub № 1);

2) wer einen in seinem Besitze befindlichen Hund, falls derselbe verdächtig ist, toll oder von einem tollen Hunde gebissen zu sein, nicht sofort tödtet oder sicher absperrt und hiervon der Ortspolizeibehörde nicht sogleich Anzeige macht (§. 3 und §. 1 sub № 1).

§. 6.

Wer den Anordnungen, welche in Ausführung dieser Verordnung von den Orts-polizeibehörden oder den Fürstlichen Verwaltungsämtern außerdem (§. 5) noch erlassen werden, nicht nachkommt, wird an Geld bis zu 17 Fl. 30 Kr. = 10 Thlrn., und wenn sich die Anordnung auf §. 1 No 2 bezieht, neben der etwaigen Entrichtung der Fanggebühr mit Geld bis zu 8 Fl. 45 Kr. = 5 Thlrn. bestraft.

Rudolstadt, den 23. März 1866.

Fürstl. Schwarzb. Regierung.

v. Bertrab.

No. XIII. Bekanntmachung

der Fürstlichen Regierung vom 3. April 1866, die Ertheilung eines Privi-legiums für Henry Carnegie Carden in Paris auf einen verbesserten Metronom betreffend.

Mit höchster Genehmigung Serenissimi ist dem Henry Carnegie Carden zu Paris ein Privilegium auf einen verbesserten Metronom in der durch Beschreibung nachgewiesenen Weise auf fünf nach einander folgende Jahre von heute ab für den Umfang des hiesigen Fürstenthums mit der Wirkung ertheilt worden, daß ohne seine Zustimmung Niemand befugt sein soll, dieses von ihm erfundene Instrument her-zustellen. Dieses Privilegium ist jedoch als erloschen zu betrachten, wenn die Anwendung der fraglichen Erfindung in dem hiesigen Fürstenthume nicht binnen Jahresfrist nachgewiesen werden kann. Auch wird die Neuheit der Erfindung im Sinne der, nach der Bekanntmachung des vormaligen Fürstlichen Geheimeraths-Colle-giums vom 12. April 1843 bei Ertheilung von Erfindungs-Patenten in den deutschen Zollvereins-Staaten zu beobachtenden Grundsätze ausdrücklich vorausgesetzt.

Die unterzeichnete Fürstliche Regierung macht solches zur allgemeinen Nachachtung hiermit öffentlich bekannt.

Rudolstadt, den 3. April 1866.

Fürstl. Schwarzb. Regierung.

v. Bertrab.

K. A. Pat.r.

9*

XIV. Ministerial-Bekanntmachung

vom 6. April 1866, die zwischen der Königlich Preußischen und der Fürstlich Schwarzburgischen Staatsregierung zur Beförderung der Rechtspflege abgeschlossene Uebereinkunft vom 23. September 1840 betreffend.

Die zwischen der Königlich Preußischen und der diesseitigen Fürstlichen Staatsregierung zur Beförderung der Rechtspflege unterm 23. September 1840 abgeschlossene Uebereinkunft (Ges. Samml. 1840 S. 155 ff.) ist vom 1. Januar d. J. ab auf fernere zwölf Jahre und zwar mit der Maßgabe verlängert worden, daß die Convention immer auf je zwölf weitere Jahre gelten soll, so lange nicht ein Jahr vor dem Ablaufe von der einen oder der andern Seite eine Aufkündigung erfolgt.

Rudolstadt, den 6. April 1866.

Fürstl. Schwarzb. Ministerium.

v. Bertrab.

XV. Ministerial-Bekanntmachung

vom 13. April 1866, den Handelsvertrag zwischen dem Zollvereine und Italien betreffend.

Nachdem der zwischen den Staaten des deutschen Zoll- und Handels-Vereins und dem Königreiche Italien am 31. December v. J. abgeschlossene Handelsvertrag allseitig ratificirt worden ist, so wird derselbe auf Höchsten Befehl Serenissimi nachstehend in dem französischen Urtexte unter Beifügung einer deutschen Uebersetzung zur öffentlichen Kenntniß gebracht.

Rudolstadt, den 13. April 1866.

Fürstl. Schwarzb. Ministerium.

v. Bertrab.

1 8 6 6.

Traité de commerce
entre
le Zollverein et l'Italie.

Sa Majesté le Roi de Prusse, Sa Majesté le Roi de Bavière, Sa Majesté le Roi de Saxe et Son Altesse Royale le Grand-Duc de Bade agissant tant en Leur nom et respectivement pour les autres Pays et parties de Pays souverains compris dans le système de douanes et d'impôts de Prusse, savoir: Le Grand-Duché de Luxembourg, les enclaves du Grand-Duché de Mecklembourg, Rossow, Netzeband et Schoenberg, la Principauté de Birkenfeld du Grand-Duché d'Oldenbourg, le Duché d'Anhalt, les Principautés de Waldeck et de Pyrmont, la Principauté de Lippe et le Grand-Bailliage de Meisenheim du Landgraviat de Hesse, qu'au nom des autres Membres de l'Association de douanes et de commerce Allemande (*Zollverein*), savoir: la Couronne de Hanovre, tant pour Elle, que pour la Principauté de Schaumbourg-Lippe, et la Couronne de Wurtemberg, l'Electorat de Hesse, le Grand-Duché de Hesse tant pour Lui que pour le Bailliage de Hombourg du Landgraviat de Hesse, les États formant l'association de douanes et de commerce de Thuringe, savoir: le Grand-Duché de Saxe, les Duchés de Saxe-Meiningen, de Saxe-Altenbourg, de Saxe-Cobourg et Gotha.

Handels-Vertrag
zwischen
dem Zollvereine und Italien.

Seine Majestät der König von Preußen, Seine Majestät der König von Bayern, Seine Majestät der König von Sachsen und Seine Königliche Hoheit der Großherzog von Baden, sowohl für Sich und beziehungsweise in Vertretung der dem Preußischen Zoll- und Steuer-Systeme angeschlossenen souverainen Länder und Landestheile, nämlich: des Großherzogthums Luxemburg, der Großherzoglich Mecklenburgischen Enklaven Rossow, Netzeband und Schönberg, des Großherzoglich Oldenburgischen Fürstenthums Birkenfeld, des Herzogthums Anhalt, der Fürstenthümer Waldeck und Pyrmont, des Fürstenthums Lippe und des Landgräflich Hessischen Oberamts Meisenheim, als im Namen der übrigen Mitglieder des deutschen Zoll- und Handelsvereins, nämlich der Krone Hannover, sowohl für Sich wie für das Fürstenthum Schaumburg-Lippe, und der Krone Württemberg, des Kurfürstenthums Hessen, des Großherzogthums Hessen, sowohl für Sich wie für das Landgräflich Hessische Amt Homburg, der den Thüringischen Zoll- und Handels-Verein bildenden Staaten, namentlich: des Großherzogthums Sachsen, der Herzogthümer Sachsen-Meiningen, Sachsen-Altenburg, Sachsen-Coburg und Gotha, der Fürstenthümer Schwarzburg-

les Principautés de Schwarzbourg-Rudol-
stadt et de Schwarzbourg-Sondershau-
sen, de Reuss, ligne aînée, et de Reuss,
ligne cadette, le Duché de Brunswick, le
Duché d'Oldenbourg, le Duché de Nassau
et la ville libre de Frankfort d'une part,

et

Sa Majesté le Roi d'Italie d'autre
part,
voulant régler les relations commer-
ciales entre les États du Zollverein et
l'Italie, ont nommé à cet effet pour
Leurs Plénipotentiaires, savoir:

Sa Majesté le Roi de Prusse:
M. Otto-Édouard-Léopold
Comte de Bismarck-Schön-
hausen, Son Président du conseil
et Ministre des affaires étrangères,

Sa Majesté le Roi de Bavière:
M. Louis-Maximilian-Eva-
riste Comte de Montgelas, Son
Chambellan, Envoyé Extraordinaire
et Ministre Plénipotentiaire près Sa
Majesté le Roi de Prusse,

Sa Majesté le Roi de Saxe:
M. Charles-Adolphe Comte de
Hohenthal, Son Conseiller privé
actuel, Envoyé Extraordinaire et
Ministre Plénipotentiaire près Sa
Majesté le Roi de Prusse,

Rudolſtadt und Schwarzburg-Sonders-
hauſen, Reuß älterer und Reuß jüngerer
Linie, des Herzogthums Braunſchweig, des
Herzogthums Oldenburg, des Herzogthums
Naſſau und der freien Stadt Frankfurt
einerſeits,

und

Seine Majeſtät der König von Italien
andererſeits,
in der Abſicht, die Handels-Beziehungen
zwiſchen den Zollvereinsſtaaten und Italien
zu regeln, haben zu dieſem Zwecke zu Ihren
Bevollmächtigten ernannt, nämlich:

Seine Majeſtät der König von Preußen:
den Herrn Otto Eduard Leopold
Grafen von Bismarck-Schönhau-
ſen, Allerhöchſt Ihren Präſidenten des
Staats-Miniſteriums und Miniſter der
auswärtigen Angelegenheiten,

Seine Majeſtät der König von Bayern:
den Herrn Ludwig Maximilian
Evariſt Grafen von Montgelas,
Allerhöchſt Ihren Kämmerer, außerordentlichen Geſandten und bevollmächtigten Miniſter bei Seiner Majeſtät dem
Könige von Preußen,

Seine Majeſtät der König von Sachſen:
den Herrn Carl Adolph Grafen von
Hohenthal, Allerhöchſt Ihren Wirklichen Geheimen Rath, außerordentlichen
Geſandten und bevollmächtigten Miniſter
bei Seiner Majeſtät dem Könige von
Preußen,

1866.

1 8 6 6.

1 8 6 6.

1 8 6 6.

1 8 6 6.

53

Son Altesse Royale le Grand-Duc de Bade:

M. Jean Buron de Türckheim, Son Chambellan, Envoyé Extraordinaire et Ministre Plénipotentiaire près Sa Majesté le Roi de Prusse,

et

Sa Majesté le Roi d'Italie:

M. Jules-Camille Comte de Barral de Moteauvrard, Son Envoyé Extraordinaire et Ministre Plénipotentiaire près sa Majesté le Roi de Prusse,

lesquels après s'être communiqué leurs pleins pouvoirs trouvés en bonne et due forme, sont convenus des articles suivants.

Article 1.

Les sujets des États du Zollverein en Italie et les sujets de Sa Majesté le Roi d'Italie dans les États du Zollverein, soit qu'ils s'y établissent soit qu'ils s'y résident temporairement, y jouiront, relativement à l'exercice du commerce et des industries, des mêmes droits et n'y seront soumis à aucune imposition plus élevée ou autre que les sujets de la nation la plus favorisée sous ces rapports.

Seine Königliche Hoheit der Großherzog von Baden:

den Herrn Carl Freiherrn von Türckheim, Allerhöchst Ihren Kammerherrn, außerordentlichen Gesandten und bevollmächtigten Minister bei Seiner Majestät dem Könige von Preußen

und

Seine Majestät der König von Italien:

den Herrn Julius Camill Grafen von Barral de Monteauvrard, Allerhöchst Ihren außerordentlichen Gesandten und bevollmächtigten Minister bei Seiner Majestät dem Könige von Preußen,

welche, nach gegenseitiger Mittheilung ihrer in guter und gehöriger Form befundenen Vollmachten, über nachstehende Artikel übereingekommen sind.

Artikel 1.

Die Unterthanen der Staaten des Zollvereins, welche in Italien und die Unterthanen Seiner Majestät des Königs von Italien, welche in den Staaten des Zollvereins dauernd oder vorübergehend sich aufhalten, sollen daselbst in Beziehung auf den Betrieb des Handels und der Gewerbe die nämlichen Rechte genießen und keinen höheren oder anderen Abgaben unterworfen werden, als die Angehörigen des in diesen Beziehungen am meisten begünstigten dritten Landes.

Article 2.

Les produits du sol et de l'industrie de l'Italie qui seront importés dans le Zollverein, et les produits du sol et de l'industrie des États du Zollverein qui seront importés en Italie, destinés, soit à la consommation, soit à l'entreposage, soit à la réexportation, soit au transit seront soumis au même traitement et nommément ne seront passibles de droits ni plus élevés ni autres que les produits de la nation la plus favorisée sous ces rapports.

Article 3.

A l'exportation vers l'Italie il ne sera perçu dans le Zollverein et à l'exportation vers le Zollverein il ne sera perçu en Italie d'autre ni de plus hauts droits de sortie qu' à l'exportation des mêmes objets vers le pays le plus favorisé à cet égard.

Article 4.

Les marchandises de toute nature venant de l'un des deux territoires ou y allant, seront réciproquement exemptes dans l'autre de tout droit de transit.

Article 5.

Toute faveur, toute immunité, toute réduction du tarif des droits d'entrée et de sortie que l'une des Hautes Parties contractantes accordera à une

Artikel 2.

Die Boden- und Gewerbs-Erzeugnisse Italiens, welche in den Zollverein und die Boden- und Gewerbs-Erzeugnisse der Staaten des Zollvereines, welche in Italien eingeführt werden, sollen daselbst, sie mögen zum Verbrauch, zur Lagerung, zur Wiederausfuhr oder zur Durchfuhr bestimmt sein, der nämlichen Behandlung unterliegen und insbesondere keinen höheren oder anderen Abgaben unterworfen werden, als die Erzeugnisse des in diesen Beziehungen am meisten begünstigten dritten Landes.

Artikel 3.

Bei der Ausfuhr nach Italien sollen im Zollverein und bei der Ausfuhr nach dem Zollverein sollen in Italien Ausgangs-Abgaben von keinen anderen Waaren und mit keinem höheren oder anderen Betrage erhoben werden, als bei der Ausfuhr nach dem in dieser Beziehung am meisten begünstigten dritten Lande.

Artikel 4.

Die Waaren-Durchfuhr nach und von Italien soll im Zollverein und die Waaren-Durchfuhr nach und von dem Zollverein soll in Italien von jeder Durchgangs-Abgabe frei sein.

Artikel 5.

Jede Begünstigung, jedes Vorrecht und jede Ermäßigung in dem Tarife der Eingangs- oder Ausgangs-Abgaben, welche einer der hohen vertragenden Theile einer

tierce Puissance, sera immédiatement et sans condition étendue à l'autre.

De plus aucune des Parties Contractantes ne soumettra l'autre à une prohibition d'importation ou d'exportation qui ne serait pas appliquée en même temps à toutes les autres nations. La disposition qui précède sur les prohibitions à la sortie ne déroge point aux obligations que les actes de la Confédération germanique imposent aux États allemands qui composent le Zollverein.

Article 6.

En ce qui concerne les marques ou étiquettes de marchandises ou de leurs emballages, les dessins et marques de fabrique ou de commerce, les sujets de chacum des États contractants jouiront respectivement dans l'autre de la même protection que les nationaux.

Article 7.

Le présent traité entrera en vigueur huit jours après l'échange des ratifications. Toutefois la disposition de l'article 6 ne sera exécutoire que quatre mois après ce terme.

Le présent traité restera en vigueur jusqu'au 30 juin 1875. Dans le cas où aucune des Parties contractantes n'aurait notifié douze mois avant l'échéance de ce terme son intention d'en

dritten Macht zugestehen möchte, wird gleichzeitig und ohne Bedingung dem andern zu Theil werden.

Ferner wird keiner der vertragenden Theile ein Einfuhr- oder ein Ausfuhr-Verbot gegen den anderen in Kraft setzen, welches nicht gleichzeitig auf alle anderen Nationen Anwendung fände.

Die vorstehende, auf Ausfuhr-Verbote bezügliche Bestimmung kann den, aus dem Bundes-Verhältnisse herrührenden Verpflichtungen der zum Zollvereine gehörenden deutschen Bundesstaaten keinen Eintrag thun.

Artikel 6.

In Betreff der Bezeichnung oder Etikettirung der Waaren oder deren Verpackung, der Muster und der Fabrik- oder Handelszeichen sollen die Unterthanen eines jeden der vertragenden Staaten in dem anderen denselben Schutz wie die Inländer genießen.

Artikel 7.

Der gegenwärtige Vertrag soll acht Tage nach Auswechselung der Ratifications-Urkunden in Kraft treten. Jedoch soll die Bestimmung des Artikels 6 erst vier Monate nach diesem Zeitpunkt zur Ausführung gelangen.

Der gegenwärtige Vertrag soll bis zum 30. Juni 1875 in Kraft bleiben. Im Falle keiner der vertragenden Theile zwölf Monate vor dem Ablaufe dieses Termins seine Absicht, die Wirkung des Vertrages

1866.

faire cesser les effects, il demourera obligatoire jusqu'à l'expiration d'une année à partir du jour où l'uno ou l'autre des Hautes Parties contractantes l'aura dénoncé.

aufhören zu laſſen, dem anderen kundgegeben haben ſollte, ſoll derſelbe bis zum Ablaufe eines Jahres von dem Tage ab in Geltung bleiben, an welchem der eine oder der andere der vertragenden Theile denſelben gekündigt hat.

Article 8.

Le présent traité sera ratifié et les ratifications en seront échangées à Berlin le plus tôt possible.

En foi de quoi les Plénipotentiaires respectifs l'ont signé et y ont apposé le cachet de leurs armes.

Fait à Berlin, le 31 Décembre 1865.

Artikel 8.

Der gegenwärtige Vertrag ſoll ratificirt und es ſollen die Ratifications-Urkunden ſobald als möglich in Berlin ausgetauſcht werden.

Zu Urkund deſſen haben die beiderſeitigen Bevollmächtigten denſelben unterzeichnet und ihre Siegel beigedruckt.

So geſchehen zu Berlin
den 31. December 1865.

Bismarck-Schönhausen.   C. de Barral.
(L. S.)   (L. S.)

Montgelas.
(L. S.)

Hohenthal.
(L. S.)

Türckheim.
(L. S.)

Bismarck=Schönhauſen.   C. de Barral.
(L. S.)   (L. S.)

Montgelas.
(L. S.)

Hohenthal.
(L. S.)

Türcheim.
(L. S.)

.1 8 6 6.

Gesetzsammlung

für das Fürstenthum Schwarzburg-Rudolstadt.

Neuntes Stück vom Jahre 1866.

№ XVI. Bekanntmachung

der Fürstlichen Regierung vom 11. April 1866, die Ertheilung eines Privilegiums für den Fabrikant Julius Brönner in Frankfurt a. M. auf einen verbesserten Gasbrenner betreffend.

Mit höchster Genehmigung Serenissimi ist dem Fabrikant Julius Brönner in Frankfurt a. M. ein Privilegium auf einen verbesserten Gasbrenner in der durch Beschreibung nachgewiesenen Weise auf fünf nach einander folgende Jahre von heute ab für den Umfang des hiesigen Fürstenthums mit der Wirkung ertheilt worden, daß ohne seine Zustimmung Niemand befugt sein soll, dieses von ihm erfundene Instrument herzustellen. Dieses Privilegium ist jedoch alsdann als erloschen zu betrachten, wenn die Anwendung der fraglichen Erfindung in dem hiesigen Fürstenthume nicht binnen Jahresfrist nachgewiesen werden kann. Auch wird die Neuheit der Erfindung im Sinne der, nach der Bekanntmachung des vormaligen Fürstlichen Geheimeraths-Collegiums vom 12. April 1843 bei Ertheilung von Erfindungs-Patenten in den deutschen Zollvereins-Staaten zu beobachtenden Grundsätze ausdrücklich vorausgesetzt.

Die unterzeichnete Fürstliche Regierung macht solches zur allgemeinen Nachachtung hiermit öffentlich bekannt.

Rudolstadt, den 11. April 1866.

Fürstl. Schwarzb. Regierung.

v. Bertrab.

R. A. Vater.

1866.

XVII. Bekanntmachung

der Fürstlichen Regierung vom 11. April 1866, die Ertheilung eines Privilegiums für den Böttchermeister und Werkzeugmacher August Schellhorn
in Arnstadt auf ein von ihm erfundenes Werkzeug zum Einspannen von Holzstücken auf der Hobelbank (Schnellspanner) betreffend.

Mit Höchster Genehmigung Serenissimi ist dem Böttchermeister und Werkzeugmacher August Schellhorn in Arnstadt ein Privilegium auf ein von ihm erfundenes Werkzeug zum Einspannen von Holzstücken auf der Hobelbank (Schnellspanner)
in der durch Beschreibung nachgewiesenen Weise auf fünf nach einander folgende Jahre
von heute ab für den Umfang des hiesigen Fürstenthums mit der Wirkung ertheilt worden, daß ohne seine Zustimmung Niemand befugt sein soll, dieses von ihm erfundene
Instrument herzustellen. Dieses Privilegium ist jedoch alsdann als erloschen zu betrachten, wenn die Anwendung der fraglichen Erfindung in dem hiesigen Fürstenthume
nicht binnen Jahresfrist nachgewiesen werden kann. Auch wird die Neuheit der Erfindung im Sinne der, nach der Bekanntmachung des vormaligen Fürstlichen Geheimeraths-Collegiums vom 12. April 1843 bei Ertheilung von Erfindungspatenten
in den deutschen Zollvereins-Staaten zu beobachtenden Grundsätze ausdrücklich vorausgesetzt.

Die unterzeichnete Fürstliche Regierung macht solches zur allgemeinen Nachachtung
hiermit öffentlich bekannt.

Rudolstadt, den 11. April 1866.

Fürstl. Schwarzb. Regierung.
v. Bertrab.
R. A. Baier.

XVIII. Ministerial-Bekanntmachung

vom 20. April 1866, den Vertrag zwischen den Zollvereinsstaaten und der
freien Hansestadt Bremen wegen Beförderung der gegenseitigen Verkehrsverhältnisse betreffend.

Nachdem der nachstehend abgedruckte Vertrag zwischen den Staaten des deutschen
Zoll- und Handels-Vereins und der freien Hansestadt Bremen, die Fortdauer des

1 8 6 6.

Vertrags wegen Beförderung der gegenseitigen Verkehrs-Verhältnisse betreffend, allseitig ratificirt worden ist, so wird derselbe auf Höchsten Befehl **Serenissimi** zur allgemeinen Nachachtung hierdurch bekannt gemacht.

Rudolstadt, den 20. April 1866.

Fürstl. Schwarzb. Ministerium.
v. Bertrab.

Vertrag
zwischen
Preußen, Hannover, Kurhessen und Oldenburg für Sich und in Vertretung der übrigen Staaten des Zollvereines einerseits und der freien Hansestadt Bremen andererseits,
die
Fortdauer des Vertrages wegen Beförderung der gegenseitigen Verkehrs-Verhältnisse betreffend.

Seine Majestät der König von Preußen, Seine Majestät der König von Hannover, Seine Königliche Hoheit der Kurfürst von Hessen und Seine Königliche Hoheit der Großherzog von Oldenburg für Sich und in Vertretung der übrigen Mitglieder des, kraft der Verträge vom 22. und 30. März und 11. Mai 1833, 12. Mai und 10. December 1835, 2. Januar 1836, 8. Mai, 19. Oktober und 13. November 1841, 4. April 1853 und endlich vom 28. Juni, 11. Juli, 12. Oktober 1864 und vom 16. Mai 1865 bestehenden Zoll- und Handelsvereins, nämlich der Kronen Bayern, Sachsen und Württemberg, des Großherzogthums Baden, des Großherzogthums Hessen, der den Thüringischen Zoll- und Handelsverein bildenden Staaten — namentlich des Großherzogthums Sachsen, der Herzogthümer Sachsen-Meiningen, Sachsen-Altenburg und Sachsen-Coburg-Gotha und der Fürstenthümer Schwarzburg-Rudolstadt und Schwarzburg-Sondershausen, sowie der Fürstlich Reußischen Länder älterer und jüngerer Linie — des Herzogthums Braunschweig, des Herzogthums Nassau und der freien Stadt Frankfurt, ferner in Vertretung des Großherzogthums Luxemburg, der Großherzoglich Mecklenburgischen Enklaven Roffow, Netzeband und Schönberg, des

11*

1866.

Großherzoglich Oldenburgischen Fürstenthums Birkenfeld, des Herzogthums Anhalt, der Fürstenthümer Waldeck und Pyrmont, der Fürstenthümer Lippe und Schaumburg-Lippe, der Landgräflich Hessischen Gebietstheile, des Oberamts Meisenheim und des Amts Homburg, einerseits
und
der Senat der freien Hansestadt Bremen andererseits,

von dem Wunsche geleitet, auch fernerweit die gegenseitigen Handelsbeziehungen zwischen Ihren Staaten möglichst zu fördern, haben zum Zweck der Aufrechthaltung des hierauf abzielenden Vertrags vom 26. Januar 1856, die Beförderung der gegenseitigen Verkehrsverhältnisse betreffend, Verhandlungen eröffnen lassen und zu Bevollmächtigten bestellt:

Seine Majestät der König von Preußen:
Allerhöchst Ihren Geheimen Ober-Finanzrath Friedrich Leopold Henning;
Seine Majestät der König von Hannover:
Allerhöchst Ihren Ober-Zollrath Hermann Christian August Cammann;
Seine Königliche Hoheit der Kurfürst von Hessen:
Allerhöchst Ihren Geheimen Ober-Finanzrath Wilhelm Cramer;
Seine Königliche Hoheit der Großherzog von Oldenburg:
Allerhöchst Ihren Ober-Zollrath Carl Meyer;
der Senat der freien Hansestadt Bremen:
den Senator und Doctor der Rechte Arnold Duckwitz,
den Senator und Doctor der Rechte Alexander Carl Conrad Adolph Rottmeier und
den Senator Friedrich Ludolf Grave,

von welchen Bevollmächtigten folgender Vertrag, unter dem Vorbehalte allseitiger Ratification, abgeschlossen worden ist.

Artikel 1.

Der zwischen Preußen, Hannover und Kurhessen für Sich und in Vertretung der übrigen Staaten des Zollvereins einerseits und der freien Hansestadt Bremen andererseits wegen Beförderung der gegenseitigen Verkehrsverhältnisse am 26. Januar 1856 abgeschlossene Vertrag wird vorläufig auf weitere zwölf Jahre, vom 1. Januar 1866 anfangend, also bis zum letzten December 1877, aufrecht erhalten.

Für diesen Zeitraum bleibt derselbe mit den dazu gehörigen Uebereinkünften auch ferner, jedoch mit den in den folgenden Artikeln enthaltenen Abänderungen und zusätzlichen Bestimmungen, in Kraft.

Artikel 2.

Die Unterthanen der Staaten des Zollvereins, welche in Bremen, und die Bremischen Staatsangehörigen, welche in den Staaten des Zollvereins vorübergehend oder dauernd sich aufhalten, sollen daselbst in Beziehung auf den Betrieb des Handels die nämlichen Rechte genießen und keinen höheren oder anderen Abgaben unterworfen werden, als die Angehörigen des in diesen Beziehungen am meisten begünstigten dritten Landes.

Artikel 3.

Die Verabredung im Artikel 4 des Vertrages vom 26. Januar 1856 unter № 1, nach welcher, unter den in jenem Artikel angegebenen Beschränkungen, hinsichtlich des Betrages, der Sicherung und der Erhebung der Ein- und Ausgangsabgaben in keinem der contrahirenden Staaten Erzeugnisse des Gebiets des andern contrahirenden Theils ungünstiger als gleichartige Erzeugnisse irgend eines außerdeutschen Staates behandelt werden dürfen, wird dahin erweitert, daß die vorbezeichnete Behandlung auch nicht ungünstiger sein darf, als diejenige der gleichartigen Erzeugnisse anderer nicht zum Zollverein gehörender deutscher Staaten.

Zugleich hat man sich in Beziehung auf die Formalitäten der Zollabfertigung der auf den Eisenbahnen beförderten Waaren und Effekten dahin geeinigt, daß bei dem vereinsländischen Haupt-Zollamte zu Bremen alle nach den Zollgesetzen zulässigen und namentlich alle diejenigen Erleichterungen eintreten sollen, welche rücksichtlich der Formalitäten der Zollabfertigung dem Verkehr auf einer andern, die Grenze überschreitenden Eisenbahn gewährt sind oder künftig noch gewährt werden.

Artikel 4.

Es sollen

1) eingangszollpflichtige Gegenstände, welche als Muster dienen und in den Zollverein von Bremischen Handlungsreisenden oder in Bremen von Handlungsreisenden, die einem Zollvereinsstaate angehören, eingeführt werden, beiderseits, soweit nöthig, unter den zur Sicherstellung ihrer Wiederausfuhr oder Niederlegung in einem Packhofe erforderlichen Zollförmlichkeiten zeitweise zollfrei zugelassen werden. Diese Förmlichkeiten werden im gemeinsamen Einverständnisse unter den vertragenden Theilen geregelt. Ferner wird

2) zur weiteren gegenseitigen Erleichterung des Verkehrs beiderseits Befreiung von Eingangs- und Ausgangsabgaben zugestanden für Gegenstände, welche, um als Modelle zu dienen, oder zur Reparatur, in das Gebiet des andern contrahirenden Theils gebracht und nach Erreichung des bezeichneten Zwecks, unter Beobachtung der deßhalb getroffenen besonderen Vorschriften, zurückgeführt werden, wenn die wesentliche Beschaffenheit und Benennung derselben unverändert bleibt.

Artikel 5.

Nachdem im Zollvereine die Durchgangsabgaben und in Bremen die Durchgangsabgaben und die Speditionsgebühr aufgehoben worden sind, soll es während der Dauer des gegenwärtigen Vertrages dergestalt hierbei bewenden, daß auf die Wiedereinführung von Durchgangsabgaben in der einen oder der andern Gestalt für Güter verzichtet wird, welche von Bremen kommen oder dahin gehen und das Gebiet des Zollvereins dabei berühren, oder welche aus dem Zollvereine kommen oder dahin gehen und das Gebiet der freien Stadt Bremen berühren.

Die in dem Vertrage vom 26. Januar 1856 und dessen Zubehörungen enthaltenen Verabredungen über Durchgangsabgaben treten demgemäß für die Dauer des gegenwärtigen Vertrages außer Anwendung.

Artikel 6.

Zur wirksamern Unterdrückung des Schleichhandels, aus dem Gebiete der freien Stadt Bremen nach dem Zollvereine hin, soll — im Anschluß an die Verabredungen im Artikel 3 der Uebereinkunft wegen Unterdrückung des Schleichhandels vom 26. Januar 1856 —

1) der Transport von zollpflichtigen Gegenständen, von denen allen Umständen nach anzunehmen ist, daß sie ins Zollvereinsgebiet unerlaubter Weise eingeführt werden sollen, auf denjenigen durch Commissare von Hannover, Oldenburg und Bremen zu bezeichnenden Nebenwegen, welche von einem Bremischen Orte aus nach der nahen, auf Bremischer Seite überall nicht oder nur mit einzelnen Wohngebäuden bebauten Zollgrenze führen, bei einer den denunciirenden Bremischen Polizeibeamten (Landjägern) zufallenden Ordnungsstrafe von 1 bis 10 Thalern verboten werden.

Ferner sollen —

2) sobald des Schleichhandelsbetriebs verdächtige Personen bei Nachtzeit, d. h.

von 10 Uhr Abends bis 6 Uhr Morgens, hart an der Zollgrenze, sei es auf erlaubten oder nach der Bestimmung unter 1 unerlaubten Wegen oder in daselbst belegenen Wirthshäusern, mit zollpflichtigen Waaren betroffen werden — die Waaren vorläufig bis zu der oben gedachten Morgenstunde thunlichst angehalten, beziehungsweise sodann, vorhältlich der Verhängung der nach der Bestimmung unter 1 etwa bereits verwirkten Ordnungsstrafe, auf einen nach der Zollstraße führenden Weg verwiesen werden.

Artikel 7.

Ueber die Stellung und die Befugnisse des zollvereinsländischen Haupt-Zollamts zu Bremen wird statt der Verabredungen im Art. 1 der Uebereinkunft wegen Errichtung dieses Haupt-Zollamts vom 26. Januar 1856 Folgendes bestimmt:

Das in der Stadt Bremen errichtete zollvereinsländische Haupt-Zollamt tritt unter den nachfolgenden Bestimmungen an die Stelle der Grenz-Zollämter, welche sonst an der Grenze gegen das Bremische Gebiet, an den Eisenbahnen und an der obern Weser anzulegen sein würden. Dasselbe ist für diese Verkehrs-Verbindungen als Grenz-, Ein- und Ausgangsamt des Zollvereins in der Weise anzusehen, daß demselben die Ermächtigung beiwohnt:

1) bezüglich des Eingangszolles zur Erhebung bis zur Höhe von 50 Thalern für eine Waarensendung und ausnahmsweise zur unbeschränkten Erhebung desselben für Güter, welche mit keinem höhern Eingangszolle als 15 Sgr. für den Centner belegt sind, sowie für Effecten und Waaren, welche Passagiere der Post, der Eisenbahnen und der Oberweser-Dampfschiffe mit sich führen,

2) zur Erhebung des Ausgangszolles,

3) zur Ablassung zollfreier Gegenstände in den freien Verkehr,

4) zur Ausfertigung und Erledigung von Begleitscheinen I. und Uebergangsscheinen, zur Ausfertigung von Begleitscheinen II. und zur Ausfertigung und Erledigung von Declarations-Scheinen für den Verkehr mittelst Berührung des Auslandes, endlich

5) für den Eisenbahnverkehr zur Ausfertigung und Erledigung von Ansagezetteln.

Für den Verkehr von und über Bremen nach dem Zollvereinsgebiete auf andern Wegen als auf den Eisenbahnen und der Oberweser sollen die vorstehend unter № 4 erwähnten Abfertigungsbefugnisse dem Haupt-Zollamte unter den bereits ergangenen oder künftig festzustellenden Vorkehrungen gegen Mißbrauch ebenfalls zustehen.

1866.

Artifel 8.

An die Stelle der Verabredung im erften Saße des Art. 3 der Uebereinkunft vom 26. Januar 1856 wegen Errichtung des zollvereinsländifchen Haupt-Zollamtes u. f. w. foll folgende Beftimmung treten:

Wer aus Bremen oder dem Bremifchen Gebiete Waaren oder Effecten den betreffenden Zollftellen zur Abfertigung nach dem Zollverein vorführt, oder wer mit nach dem Zollvereine mittelft der Eifenbahnen oder auf Schiffen ftromaufwärts auf der Oberwefer zu befördernden Waaren oder Effecten, ohne folche zu der nach den Umftänden erforderlichen Abfertigung anzumelden, die betreffende Zollftelle überfchreitet oder ganz umgeht, foll fo angefehen werden, als wenn er damit die Zollgrenze und die erfte Zollftelle im Zollverein überfchreite und daher infonderheit auch in Bezug auf die Abgabe der Zoll-Declarationen über folche Waaren oder Effecten den zollgefeßlichen Beftimmungen deffelben unterworfen fein.

Der Senat der freien Hanfeftadt Bremen wird die durch diefe Verabredung bedingte gefeßliche Anordnung erlaffen.

Artifel 9.

Bei der nach Abfchluß des Vertrages vom 26. Januar 1856 zugelaffenen Aufnahme von Zucker und Tabak, die mit dem Anfpruche auf Zoll- oder Steuervergütung verfendet find, und von übergangsabgabepflichtigen Gegenftänden in die Zollvereins-Niederlage zu Bremen, foll es auch ferner unter folgenden Maßgaben bewenden:

1) Raffinirter Rohrzucker, welcher von Zuckerfiedereibefißern, fowie aus Rüben bereiteter raffinirter Zucker, welcher nach Anleitung der Beftimmungen über die Vergütung der Rübenzuckerfteuer, ingleichen Tabaksfabrikate, welche von Tabaksfabrikanten mit dem Anfpruche auf Zoll- oder Steuervergütung verfendet worden find, dürfen ohne Verluft des Anfpruchs auf diefe Vergütung in die Zollvereins-Niederlage zu Bremen aufgenommen werden, wenn ihnen in derfelben fichernd abgefchloffene Räume angewiefen werden können, in welchen fie abgefondert von den übrigen gleichnamigen Waaren lagern und welche unter Verfchluß der Zollverwaltung gehalten werden.

2) Wenn übergangsabgabepflichtige Gegenftände in die Niederlage gelangen, fo kann gegen den Nachweis des Eingangs in die Niederlage die Steuervergütung, foweit folche eintritt, gewährt und es muß der Anfpruch auf diefe Vergütung vor

der Aufnahme in die Niederlage erledigt werden. Die Zurückführung solcher Gegenstände in den Zollverein kann zollfrei erfolgen, dagegen tritt in demjenigen Staate, in welchen die übergangsabgabepflichtigen Gegenstände zurückgeführt werden, unbeschadet der etwaigen Bewilligung von Ausnahmen in den dazu angethanen Fällen, die Verpflichtung zur Entrichtung der Uebergangsabgabe ein, so weit eine solche in dem betreffenden Staate besteht.

Artikel 10.

Die Verabredung im Art. 13 der Uebereinkunft vom 26. Januar 1856 wegen Errichtung des zollvereinsländischen Haupt-Zollamts u. s. w., nach welcher die freie Hansestadt Bremen darauf verzichtet hat, von den in der Zollvereins-Niederlage zu Bremen gelagerten Waaren Bremische Ein-, Aus- und Durchgangsrechte zu erheben, wird nach erfolgter Aufhebung der eben gedachten Abgaben, auf die jetzt bestehende Umsatzsteuer in der Art übertragen, daß die Vereinsniederlage in Bremen bezüglich der Umsatzsteuer als dem Bremischen Staatsgebiete nicht angehörig betrachtet wird.

Artikel 11.

Mit Bezug auf den zwischen Hannover und Bremen abgeschlossenen Vertrag vom 29. September 1854 wegen des Anschlusses gewisser Bremischer Gebietstheile an den Zollverein tritt die freie Hansestadt Bremen auch mit dem s. g. alten Heerwege im Westen des Dorfes Neu-Hemelingen auf der Strecke von der Grenzmarke № XIII bis zum Weserdeiche dem Zollvereine unter den in dem oben genannten Vertrage enthaltenen Bedingungen bei. Der Entscheidung über die Hoheitsrechte soll hierdurch in keiner Weise vorgegriffen werden.

Artikel 12.

Die Verabredungen in den wegen der Fortdauer des Zollvereins unter den Zollvereinsstaaten abgeschlossenen Verträgen und deren Zubehörungen, namentlich in dem Vertrage vom 28. Juni 1864 wegen Fortdauer des Zoll- und Handelsvereins, in dem Vertrage vom 28. Juni 1864 über den Verkehr mit Tabak und Wein, in dem Vertrage vom 11. Juli 1864 wegen des Beitritts von Hannover und Oldenburg zu dem Zollvereinigungs-Vertrage vom 28. Juni 1864 und zu dem Vertrage über den Verkehr mit Tabak und Wein von demselben Tage, in dem Vertrage vom 12. October 1864 wegen des Beitritts von Bayern, Württemberg, dem Großherzogthum Hessen und

Naſſau zu den Zollvereinigungs-Verträgen vom 28. Juni und 11. Juli 1864, endlich in dem Vertrage vom 16. Mai 1865, die Fortdauer des Zoll- und Handelsvereins betreffend, ſollen für diejenigen Bremiſchen Gebietstheile, welche nach Art. 8 des Vertrages vom 26. Januar 1856, und der darin erwähnten Uebereinkunft, ſowie nach dem Vertrage zwiſchen Hannover und Bremen vom 29. September 1854 in ſeiner, im Art. 11 ausgeſprochenen Erweiterung dem Zollvereine angeſchloſſen ſind, ſoweit ſie auf dieſelben Anwendung finden, auch in denjenigen Beſtimmungen maßgebend ſein, für welche ſich dieſes nicht bereits aus den beſtehenden vertragsmäßigen Verab-redungen ableitet, und zwar in der Art, daß für die Bremiſchen Gebietstheile die-jenigen Beſtimmungen zur Anwendung kommen, welche für denjenigen Theil des Zoll-vereins getroffen ſind, deſſen Verwaltung ſie ſich angeſchloſſen finden.

Sollten bei den Verhandlungen, welche die Zollvereinsſtaaten nach der Verab-redung unter No. 6 des Schlußprotokolls zu dem vorgedachten Vertrage vom 12. October 1864 vorbehalten haben, weitere Verſtändigungen unter den Regierungen der Zollvereinsſtaaten erfolgen, als der Vertrag vom 16. Mai 1865 enthält, ſo wird der Senat der freien Hanſeſtadt Bremen Sich denſelben bezüglich der dem Zollvereine angeſchloſſenen Bremiſchen Gebietstheile inſoweit anſchließen, als dies von Seiten der Regierungen von Hannover, beziehungsweiſe Oldenburg, geſchehen ſein wird.

Artikel 13.

Damit der heimlichen Ueberfuhr von Salz aus den dem Zollvereine nicht ange-ſchloſſenen Bremiſchen Gebietstheilen, welche nach der Erhöhung der Salzſteuer in Hannover und Oldenburg verſucht werden möchte, wirkſamer entgegen getreten werden ann, verpflichtet Sich der Senat der freien Hanſeſtadt Bremen:

1) in den im Art. 5 der Uebereinkunft wegen Unterdrückung des Schleichhandels vom 26. Januar 1856 gedachten Bremiſchen Grenzorten in gleicher Weiſe wie für den Verkauf der dort namhaft gemachten Waaren keine neuen Conceſſionen zur Anlage von Kramladen oder Handels-Etabliſſements zu ertheilen, die er-theilten Conceſſionen aber zurückzunehmen, ſobald dieſes ohne Unbilligkeit ge-ſchehen kann, dies auch rückſichtlich des Verkaufs von Salz eintreten zu laſſen;

2) ein Verbot zu erlaſſen, wonach die in den eben (unter 1) gedachten Grenzorten bereits conceſſionirten Landkrämer weder in ihren Gebäuden noch innerhalb der Ortſchaft, worin ſie wohnen, größere Salzvorräthe als 5 Zollcentner ſollen halten dürfen.

1866.

Artikel 14.

Da die Zollvereinsstaaten durch den zwischen ihnen vereinbarten neuen Zolltarif die Mehrzahl der Gegenstände, für welche im Art. 10 des Vertrages vom 26. Januar 1856 der freien Stadt Bremen die zollfreie Zulassung in den Zollverein zugesagt ist, allgemein von Eingangszöllen befreit haben, für die noch zollpflichtig gebliebenen Gegenstände aber eine besondere Befreiung zu Gunsten der freien Hansestadt Bremen nicht fortbestehen kann, so werden die Verabredungen in Art. 10 des Vertrages vom 26. Januar 1856 vom 1. Januar 1866 ab außer Kraft gesetzt.

Artikel 15.

Dieser Vertrag soll alsbald zur Ratification sämmtlicher betheiligten Regierungen vorgelegt und die Auswechslung der Ratifications-Urkunden mit möglichster Beschleunigung in Berlin bewirkt werden.

So geschehen Bremen, den 14. December 1865.

(gez.) **Henning. Cammann. Cramer. Meyer. Duckwitz. Kottmeier. Grave.**

(L. S.)　　(L. S.)　　(L. S.)　　(L. S.)　　(L. S.)　　(L. S.)　　(L. S.)

Gesetzsammlung

für das Fürstenthum Schwarzburg-Rudolstadt.

№. XIX. Gesetz,

die Herabsetzung der tarifmäßigen Taravergütung für Rohzucker betreffend,
vom 4. Mai 1866.

Wir Friedrich Günther, von Gottes Gnaden Fürst zu Schwarzburg ꝛc.
verordnen anmit:

Vom 1. Juni d. J. ab beträgt die Tara für Rohzucker und Farin (Zuckermehl)

a) in Kisten von 8 Centnern und darüber: 13 Pfund vom Centner Bruttogewicht;

b) in außereuropäischen Rohrgeflechten (Canasses, Cranjans): 8 Pfund vom
Centner Bruttogewicht;

c) in Ballen: 4 Pfund vom Centner Bruttogewicht.

Urkundlich unter Unserer eigenhändigen Unterschrift und beigedrucktem Fürstlichen Insiegel.

Rudolstadt, den 4. Mai 1866.

(L. S.) **Friedrich Günther,** F. z. S.

v. Bertrab. Scheidt. v. Ketelhodt. v. Bamberg.

1866.

Gesetzsammlung

für das Fürstenthum Schwarzburg-Rudolstadt.

Elftes Stück vom Jahre 1866.

XX. Bekanntmachung

der Fürstlichen Regierung vom 27. April 1866, die Preisveränderungen der
Arzneimittel pro 1866 betreffend.

Die in den Droguenpreisen eingetretenen Veränderungen haben eine Abänderung in den Preisen der Arzneimittel nöthig gemacht. Es werden deshalb die hiernach abgeänderten, mit dem 1. Juni d. J. in Kraft tretenden Taxpreise andurch
zur Nachachtung bekannt gemacht.

Rudolstadt, den 27. April 1866.

Fürstl. Schwarzb. Regierung.

v. Bertrab.

R. A. Baier.

A.

	Gewicht	℞	mn.	℘	♃
Acetonum	1 Drach.	2	0	—	9
Acetum aromaticum	1 Unze	5	2	1	6
	½ Pfund	24	4	7	—
Colchici	1 Unze	5	2	1	6
Digitalis	1 Drach.	1	4	—	5
	1 Unze	8	6	2	6
pyro lignos. crud.	½ Pfund	7	4	2	2
scilliticum	1 Unze	5	6	1	8
Acidum aceticum	1 Drach.	1	6	—	6
benzoicum cryst.	1 Scrup.	4	—	1	2
subt.	—	4	—	1	2
nitricum crudum	½ Pfund	14	—	4	—
fumans	1 Drach.	1	6	—	6
	1 Unze	10	4	3	—
phosphoricum	1 Drach.	1	4	—	5
	1 Unze	8	6	2	6
succinicum	1 Scrup.	3	—	—	10
Aconitium	1 Gran	8	6	2	6
Adeps suillus	1 Drach.	1	2	—	4
	1 Unze	7	—	2	—
Aerugo gross. modo pulv.	—	11	—	3	2
Aether	—	7	4	2	2
Aether Petrolei	—	10	—	2	10
Aloë	—	5	2	1	6
gr. modo pulv.	—	8	2	2	4
subt. pulv.	—	9	2	2	8
Ambra grisea	1 Gran	4	6	1	4
Ammoniacum carbonicum	1 Unze	9	2	2	8
succinic. solut.	1 Drach.	1	6	—	6
Amylum	1 Unze	3	4	1	—
Aqua Amygdalar. amar.	—	11	—	3	2
Arnicae	—	1	6	—	6
Cerasorum amygd.	—	1	4	—	5
Cinnamomi spir.	—	3	—	1	10
Citri	—	2	2	—	8
foetida antihysteric.	—	11	—	3	2
Melissae	—	1	6	—	6
Menthae crispae	—	1	6	—	6
piper.	—	2	2	—	8
spir.	—	3	—	—	10
Opii	1 Drach.	3	4	1	—
	1 Unze	20	4	5	10
picea	—	1	2	—	4
Salviae	—	1	4	—	5

	Gewicht	℞	mn.	℘	♃
Aqua Sambuci-	1 Unze	1	6	—	6
Valerianae	—	1	4	—	5
vulneraria vinosa	—	3	4	1	—
Arrow – Root	—	8	2	2	4
Atropium sulphuricum	1 Gran	13	4	3	10

B.

	Gewicht	℞	mn.	℘	♃
Balsamum Copaivae	1 Drach.	2	2	—	8
	1 Unze	15	2	4	4
peruvianum	1 Drach.	4	—	1	2
	1 Unze	28	—	8	—
Benzinum	—	4	6	1	4
Bismuthum hydrico nitricum	1 Scrup.	3	—	—	10
Boletus cervinus gr. modo pulv.	1 Unze	4	6	1	4
igniarius	—	10	—	2	10
Laricis conc.	—	11	6	3	4
Bolus rubra gr. modo pulv.	—	2	2	—	8
praep.	—	4	6	1	4
Bromum	1 Scrup.	4	—	1	2

C.

	Gewicht	℞	mn.	℘	♃
Cadmium sulphuricum	1 Scrup.	2	6	—	9
Calcaria hypophosphorosa	—	3	4	1	—
Calcaria usta pulv.	1 Unze	3	—	—	10
Cantharidinum	1 Gran	31	4	9	—
Caragaheen conc.	1 Unze	4	6	1	4
Carbo subt. pulv.	—	4	—	1	2
Castoreum Canadense subt. pulv.	10 Gran	4	6	1	4
Sibiricum subt. pulv.	1 Gran	20	4	5	10
Cataplasma ad decubitum	1 Unze	12	6	3	8
Catechu	—	3	4	1	—
subt. pulv.	1 Drach.	1	—	—	3
	1 Unze	5	6	1	8
Ceratum Aeruginis	1 Drach.	2	—	—	7
Resinae Burgund.	1 Unze	12	6	3	8
Cetaceum	1 Drach.	1	4	—	5
	1 Unze	9	2	2	8
saccharatum	1 Drach.	1	4	—	5
Charta cerata	1 Bogen	5	2	1	6
Chinoideum	1 Drach.	3	4	1	—
Chinium valerianicum	1 Gran	1	4	—	5

	Gewicht.	xr	ml.	Sgr	₰
Chloroformium	1 Unze	17	–	4	10
Coffeinum	1 Gran	2	6	–	9
Collodium cantharidatum	1 Drach.	7	—	2	–
Confectio Cinae	1 Unze	8	2	2	4
Coniinium	1 Tropf.	1	4	—	5
	1 Gran	2	—	—	7
Cornu Cervi ustum alb. praep	1 Unze	3	4	1	—
Cortex Aurantii Fruct. expulp.					
conc.	1 Drach.	3	—	—	10
	1 Unze	20	4	5	10
subt. pulv.	1 Drach.	3	4	1	—
	1 Unze	23	6	6	9
Chinae Calisayae subt.					
pulv.	1 Drach.	4	4	1	3
Cinnamomi Zeylanici					
cont.	1 Drach.	3	–	—	10
	1 Unze	18	6	5	4
subt. pulv.	1 Drach.	3	4	1	–
Frangulae conc.	1 Unze	4		1	2
subt. pulv.	—	7	–	2	–
Granati radicis conc.	—	11	–	3	2
subt. pulv.	1 Drach.	2	2	—	8
Mezerei	1 Unze	5	2	1	6
conc.	—	7	–	2	—
subt. pulv.	1 Drach.	1	4	—	5
	1 Unze	9	2	2	8
Simarubae conc.	—	17	4	5	—
subt. pulv.	1 Drach.	3	—	—	10
Ulmi int. conc. et gr.					
modo pulv.	1 Unze	4	6	1	4
subt. pulv.	—	7	–	2	–
Cuprum aceticum	1 Drach.	2	2		8
sulphuric. venale gr.					
modo pulv.	1 Unze	4	6	1	4
	½ Pfund	17	4	5	–

D.

	Gewicht.	xr	ml.	Sgr	₰
Decoctum Sarsaparillae comp					
fort.	1 Pfund	39	6	11	4
	24 Pfund	525	4	150	2
mit.	1 Pfund	22	6	6	6
	24 Pfund	329	–	94	—
concentrat.	1 Drach.	10	4	3	—
	1 Unze	77	–	22	—

E.

	Gewicht	xr	ml.	Sgr	₰
Elaeosacchara					
Wenn der Scrupel des anzuwendenden Oels bis 2½ Sgr = 8¾ xr kostet	1 Drach.	2	6	—	9
Wenn der Scrupel des anzuwendenden Oels bis 5 Sgr = 17½ xr kostet	—	3	4	1	—
Elaeosaccharum Amygdalarum					
amar.	1 Scrup.	2	2	–	8
Calami	—	1	6	—	6
Chamomillae	—	3	4	1	—
Florum Aurantii	—	1	6	–	6
Menthae crispae	—	2	6	—	9
Menthae piper.	—	2	6	—	9
Rosarum	—	3	4	1	—
Salviae	—	2	2	—	8
Valerianae	—	1	4	-	5
Electuarium e Senna	1 Unze	8	6	2	6
Theriaca	1 Drach.	1	6	–	6
Elixir ad longam vitam	1 Unze	13	4	3	10
amarum	1 Drach.	2	6	–	9
	1 Unze	16	2	4	8
Pharm. mil.	1 Drach.	3	4	1	—
	1 Unze	1	4	6	2
Aurantiorum comp.	1 Drach.	3	4	1	—
	1 Unze	26	2	7	6
e Succo Glycyrrhizae	1 Drach.	2	—	—	7
	1 Unze	13	4	3	10
Proprietatis Paracelsi	1 Drach.	2	6	-	9
Emetinum purum	1 Gran	11	4	3	4
Emplastrum adhaesivum	1 Unze	10	—	2	10
Ammoniaci	—	17	—	4	10
aromaticum	1 Drach.	4	6	1	4
	1 Unze	33	6	9	8
Belladonnae	—	6	2	1	8
Cantharidum ord.	—	18	6	5	4
perpet.	1 Drach.	5		1	8
	1 Unze	39	6	11	4
Cerussae	—	8	6	2	6
Conii	—	15	·	4	6
de Galbano crocat.	1 Drach	4	4	1	3
foetidum	1 Unze	17	—	4	10
fuscum	—	13	4	3	10
Hydrargyri	1 Drach	2	6		9
	1 Unze	18	6	5	4
Hyoscyami	—	16	2	4	8
Melilothi	1 Drach.	2	2	—	8
	1 Unze	14	—	4	—

	Gewicht	ℳ	ml.	ℳ	ß
Emplastrum oxycroceum	1 Drach.	6	4	1	10
Euphorbium grosso modo pulv.	1 Unze	10	--	2	10
Extractum Absinthii	1 Drach.	4	6	1	4
Aloës acid. sulph. corr.	—	10	—	2	10
Angelicae	1 Scrup.	7	4	2	2
Arnicae flor.	1 Drach	7	—	2	—
radicis	1 Scrup.	6	6	2	6
Belladonnae	—	7	—	2	—
siccum	—	4	6	1	4
Calami	—	7	4	2	2
Cannabis Indicae	—	15	2	4	4
Cascarillae	—	5	2	1	6
	1 Drach	12	2	3	6
Chamomillae	—	5	2	1	6
Chelidonii	1 Scrup.	7	—	2	—
Chinae fuscae	—	7	—	2	—
Colocynthidis compos.	—	8	2	2	4
Colombo	—	12	2	3	6
	1 Drach.	31	4	9	—
Dauci	1 Unze	12	6	3	8
Digitalis	1 Scrup.	7	—	2	—
siccum	—	4	6	1	4
Ferri pomatum	1 Drach.	11	—	3	2
Filicis aethereum	10 Gran	12	2	3	6
Glycyrrhizae dep. solut.	1 Unze	10	—	2	10
Hellebori	1 Scrup.	10	4	3	—
Hyoscyami	—	8	6	2	6
siccum	—	5	2	1	6
Ipecacuanhae	1 Gran	3	4	1	—
Juniperi	1 Unze	11	—	3	2
Levistici	1 Scrup.	5	6	1	8
Ligni Campechiani	—	3	4	1	—
Moneciae	—	5	2	1	6
Myrrhae	1 Drach.	7	-	2	—
Opii	1 Gran	1	4	-	5
	10 Gran	5	6	1	8
Pimpinellae	1 Scrup	8	6	2	6
Polygulae amar.	1 Drach.	7	—	2	—
Quassiae Ligni	1 Scrup.	7	4	2	2
Ratanhae	—	6	4	1	10
	1 Drach.	16	6	4	9
Rhei	1 Scrup	12	2	3	6
	1 Drach.	33	2	9	6
compos.	1 Scrup	11	—	3	2
Sabinae	—	6	4	1	10
Sambuci	—	2	2	—	8

	Gewicht	ℳ	ml.	ℳ	ß
Extractum Sambuci	1 Unze	15	6	4	6
Scillae	1 Drach.	5	6	1	8
Senegae	1 Scrup	7	—	2	--
Uvae ursi	1 Drach.	5	6	1	8

F.

	Gewicht	ℳ	ml.	ℳ	ß
Ferro kali tartaricum purum	1 Drach.	3	—	—	10
Ferrum aceticum siccum	1 Scrup.	3	—	—	10
solutum	1 Drach.	1	6	—	6
chloratum solutum	1 Unze	7	4	2	2
	½ Pfund	31	—	8	10
oxydulatum lacticum	1 Scrup.	1	4	—	5
	1 Drach	3	—	—	10
Flores Arnicae conc. et gr. modo pulv.	1 Drach.	1	2	—	4
	1 Unze	7	4	2	2
subt. pulv.	1 Drach	1	6	—	6
	1 Unze	10	—	2	10
Chamomillae Roman. conc.	1 Unze	11	—	3	2
vulgaris	—	4	6	1	4
	½ Pfund	19	2	5	6
conc. et pulv. gr.	1 Unze	6	4	1	10
	½ Pfund	23	6	6	9
subt. pulv.	1 Drach.	1	4	—	5
	1 Unze	8	2	2	4
Cinae	1 Drach.	1	4	—	5
	1 Unze.	9	2	2	8
Convallariae maj. conc.	—	11	6	3	4
subt. pulv.	1 Drach.	1	6	—	6
Lamii albi conc.	—	3	—	—	10
	1 Unze	21	—	6	—
Lavandulae conc.	—	4	6	1	4
subt. pulv.	—	5	6	1	8
Malvae arboreo conc.	—	6	4	1	10
vulgaris conc.	—	11	—	3	2
Rhoeados conc.	1 Drach.	2	2	—	8
	1 Unze	15	2	4	4
Rosae incarn. conc.	—	10	4	3	—
Sambuci	—	5	6	1	8
conc. et gr. modo pulv.	½ Pfund	26	6	7	8
	½ Unzo	7	4	2	2
	½ Pfund	31	—	8	10
Stocchados citrin. conc.	1 Unze	4	6	1	4
Verbasci conc.	1 Drach.	2	—	—	7

Folia	Gewicht	Th	an	Gr	S
Folia Aurantii conc.	1 Unze	7	—	2	—
subt. pulv.	1 Drach.	1	4	—	5
	1 Unze	8	2	2	4
Belladonnae conc.	—	6	4	1	10
gr. modo pulv.	—	7	4	2	2
subt. pulv.	—	8	6	2	6
Hyoscyami conc.	—	6	4	1	10
gr. modo pulv.	—	7	4	2	2
subt. pulv.	1 Drach.	1	4	—	5
Malvae conc.	1 Unze	4	6	1	4
Matico conc. '	1 Drach.	1	6	—	6
Melissae citrat. conc.	1 Unze	10	4	3	—
	½ Pfund	13	6	12	6
Menthae crisp. conc. et gr. modo pulv.	1 Unze	10	4	3	—
	½ Pfund	13	6	12	6
subt. pulv.	1 Drach.	1	6	—	6
	1 Unze	11	6	3	4
Menthae pip. conc. et gr. modo pulv.	—	11	—	3	2
subt. pulv.	½ Pfund	16	6	13	4
	1 Drach.	1	6	—	6
	1 Unze	12	2	3	6
Nicotianae Tabaci conc.	—	11	6	3	4
gr. modo pulv.	—	14	—	4	—
Rosmarini conc.	—	4	—	1	2
Salviae conc.	—	5	6	1	8
	½ Pfund	22	2	6	1
subt. pulv.	1 Drach.	1	2	—	4
	1 Unze	7	—	2	—
Trifolii conc. et gr. modo pulv.	—	4	—	1	2
Fructus Anisi stellati	—	11	6	3	4
subt. pulv.	—	18	—	5	2
Aurantii immat. conc.	—	5	2	1	6
subt. pulv.	—	6	4	1	10
Cannabis	—	2	2	—	8
Capsici conc.	—	14	4	4	2
subt. pulv.	1 Drach.	2	6	—	9
	1 Unze	18	—	5	2
Cardamomi minor.	1 Drach.	4	—	1	2
subt. pulv.	1 Scrup.	2	6	—	9
	1 Drach	6	4	1	10
Colocynth. conc. (sine seminib.)	—	4	6	1	4
Cubebae	1 Unze	11	—	3	2

	Gewicht	Th	an	Gr	S
Fructus Cubebae gr. m. pulv.	1 Unze	14	4	4	2
subt. pulv.	1 Drach.	2	2	—	8
	1 Unze	16	2	4	8
Foeniculi	—	3	4	1	—
Juniperi	—	1	6	—	6
	½ Pfund	6	4	1	10
Phellandrii	1 Unze	4	—	1	2
subt. pulv.	—	7	4	2	2
Sabadillae gr. modo pulv.	—	11	—	3	2
subt. pulv.	1 Drach.	2	2	—	8
Vanillae conc.	1 Scrup.	6	4	1	10

G.

	Gewicht	Th	an	Gr	S
Gallae cont. et gr. modo pulv.	1 Unze	15	6	4	6
subt. pulv.	1 Drach.	3	—	—	10
	1 Unze	19	2	5	6
Gelatina	—	12	6	3	8
Glandulae Lupuli	1 Scrup.	1	2	—	4
	1 Drach.	3	—	—	10
Rottlerae	—	11	6	3	4
Glycerinum	—	2	2	—	8
	1 Unze	14	—	4	—
Gummi arabicum subt. pulv.	—	15	2	4	4
Gummi-Resina Ammon. dep.	—	11	6	3	4
Asa foetida dep.	1 Drach.	2	2	—	8
	1 Unze	14	—	4	—
Myrrha	1 Drach.	2	2	—	8
	1 Unze	15	2	4	4
gr. modo pulv.	1 Drach.	3	—	—	10
	1 Unze	19	6	5	8
subt. pulv.	1 Scrup.	1	6	—	6
	1 Drach.	3	4	1	—
Olibanum	1 Unze	7	4	2	2
Scammon. Halep subt. pulv.	1 Scrup.	6	4	1	10

H.

	Gewicht	Th	an	Gr	S
Herba Absinthii conc. et gr. modo pulv.	1 Unze	7	—	2	—
subt. pulv.	1 Drach.	1	4	—	5
	1 Unze	8	2	2	4
Chenopodii ambr. conc.	—	7	—	2	—
Conii conc.	—	5	2	1	6
subt. pulv.	—	7	4	2	2
Gratiolae conc.	—	6	6	1	8
subt. pulv.	1 Drach.	1	4	—	5

1866.

	Gewicht	℞	ml	℔	₰
Herba Gratiolae subt. pulv.	1 Unze	8	2	2	4
Hyssopi conc.	—	5	2	1	6
Lobeliae conc.	1 Drach.	3	—	-	10
subt. pulv.	—	3	4	1	—
Polygalae amar. conc.	1 Unze	7	—	2	—
subt. pulv.	—	7	4	2	2
Thymi conc. et gr. modo pulv.	—	5	2	1	6
Hydrargyrum bichlor. corr.	1 Scrup.	1	2	-	4
	1 Drach.	2	2	—	8
depuratum	—	3	—	—	10
	1 Unze	16	2	4	8
oxydatum rubrum	1 Scrup.	1	6	-	6
	1 Drach.	3	4	1	—
J.					
Jodum	1 Scrup.	3	—	—	10
K.					
Kalium aceticum	1 Drach.	2	2	-	8
	1 Unze	17	—	4	10
bicarbonicum purum	1 Drach	1	6	—	6
bitartaricum crud. subt. p.	—	1	6	—	6
	1 Unze	11	—	3	2
carbonicum purum	1 Drach.	2	2	—	8
	1 Unze	14	—	4	—
solutum	—	7	-	2	—
hydricum siccum	—	13	4	3	10
nitricum	—	5	2	1	6
gr. modo pulv.	—	7	—	2	—
subt. pulv.	—	7	4	2	2
tartaricum	—	14	—	4	—
subt. pulv.	—	17	4	5	—
boraxatum	—	17	—	4	10
Kalium bromatum	1 Scrup.	3	4	1	—
	1 Drach.	7	—	2	—
jodatum	1 Scrup.	2	2	—	8
	1 Drach.	5	2	1	6
Kino subt. pulv.	· —	5	2	1	6
L.					
Lapides Cancri praep.	1 Drach.	4	6	1	4
Lapis Haematites praep.	—	1	6	-	6
	1 Unze	11	—	3	2
Lichen Islandicus ab amar. lib. conc.	—	10	4	3	—

	Gewicht	℞	ml	℔	₰
Lignum Guajaci raspatum et gr. modo pulv.	1 Unze	3	4	1	—
Lignum Quassiae et gr. modo pulv.	—	5	2	1	6
subt. pulv.	1 Drach.	1	2	—	4
	1 Unze	6	4	1	10
Sassafras conc.	—	4	6	1	4
Linimentum Aeruginis	—	12	2	3	6
Lithium carbonicum	1 Scrup.	11	6	3	4
Lycopodium	1 Drach.	1	4	—	5
	1 Unze	10	—	2	10
M.					
Macis	1 Drach.	1	6	—	6
	1 Unze	11	—	3	2
subt. pulv.	1 Drach.	2	6	—	9
	1 Unze	17	—	4	10
Manganum hyperoxydat. nat. pulv.	—	3	4	1	—
Mel	—	4	6	1	4
	½ Pfund.	19	6	5	8
rosatum	1 Unze	8	2	2	4
Mixtura vulneraria acida	—	3	4	1	—
Morphium hydrochloratum	1 Gran	2	—	—	7
valerianicum	—	3	4	1	—
Moschus	—	11	6	3	4
N.					
Narceinum	1 Gran	21	—	6	—
Natrum liboracicum	1 Unze	5	2	1	6
pulv.	1 Drach.	1	2	—	4
	1 Unze	7	4	2	2
O.					
Oleum Amygdalarum	1 Drach.	3	4	1	—
	1 Unze	25	6	7	4
aethorum	1 Tropf.	1	4	—	5
animale aetherum	1 Scrup.	5	6	1	8
foetidum	1 Unze	3	—	—	10
Bergamottae	1 Scrup.	3	4	1	—
Cajeputi rectif.	—	1	6	—	6
Calami	—	25	6	7	4
camphoratum	1 Unze	11	—	3	2
Caryophyllorum	1 Scrup.	3	—	—	10
Chamomillae citratum	1 Tropf.	3	—	—	10
	1 Scrup.	73	4	21	—

	Gewicht	ℛ	ngr	gr	₰
Oleum Cinae	1 Scrup.	10	—	2	10
Cinnamomi Zeylanici	—	12	2	3	6
Corticis Aurantii amari	—	3	4	1	—
Crotonis	—	5	2	1	6
	1 Drach.	10	4	3	—
Cubebae	1 Scrup.	6	4	1	10
Florum Arnicae	1 Tropf.	6	4	1	10
Jecoris Aselli	1 Unze	5	2	1	6
	½ Pfund	22	6	6	6
Juniperi	1 Scrup.	12	2	3	6
Lauri expressum	1 Drach.	1	2	—	4
	1 Unze	8	6	2	6
Lavandulae	1 Drach.	3	4	1	—
Ligni Juniperi	—	2	2	-	8
	1 Unze	14	—	4	—
Sassafras	1 Scrup.	1	2	—	4
Lini sulphuratum	1 Unze	7	4	2	2
Macidis	1 Scrup.	2	—	—	7
	1 Drach.	4	6	1	4
Majoranae	1 Scrup.	27	4	7	10
Menthae crispae	1 Tropf.	1	4	—	5
	1 Scrup.	42	—	12	—
piperitae	1 Tropf.	1	6	—	6
	1 Scrup.	46	6	13	4
Nucistae	1 Drach.	3	—	—	10
Ricini	—	1	4	—	5
	1 Unze	8	2	2	4
Rosmarini	1 Drach.	2	2	—	8
	1 Unze	14	4	4	2
Sinapis	1 Scrup.	8	6	2	6
Tanaceti	—	5	2	1	6
Terebinthinae	1 Unze	5	6	1	8
	½ Pfund	27	2	7	9
rectificatum	1 Drach.	1	6	—	6
	1 Unze	12	2	3	6
sulphuratum	1 Drach.	1	4	-	5
Thymi	—	3	4	1	—
Opium subt. pulv.	10 Gran	2	6	—	9
Os Sepiae subt. pulv.	1 Drach.	1	4	—	5

P.

	Gewicht	ℛ	ngr	gr	₰
Pasta Glycyrrhizae	1 Unze	14	—	4	..
Gummosa	—	15	2	4	4
Placenta Lini gr. modo pulv.	--	3	—	1	10
Plumbum aceticum	—	7	4	2	2
Propylaminum	1 Scrup.	10	4	3	—

	Gewicht	ℛ	ngr	gr	₰
Pulvis ad erysipelas aromaticus	1 Unze	7	4	2	2
	1 Drach.	4	—	1	2
Glycyrrhizae comp.	1 Unze	10	4	3	—
gummosus	1 Drach.	2	2	—	8
Magnesiae cum Rheo	—	3	4	1	—
pro infant. Hufeland.	—	3	4	1	—

R.

	Gewicht	ℛ	ngr	gr	₰
Radix Althaeae conc. et gr. modo pulv.	1 Unze	5	6	1	8
	½ Pfund	24	4	7	—
subt. pulv.	1 Drach.	1	4	—	5
	1 Unze	8	2	2	4
Angelicae conc. et gr. modo pulv.	—	4	6	1	4
	½ Pfund	18	6	5	4
subt. pulv.	1 Unze	7	—	2	—
Belladonnae conc.	—	5	6	1	8
subt. pulv.	1 Drach.	1	4	—	5
	1 Unze	8	2	2	4
Colombo conc.	1 Drach.	3	4	1	—
	1 Unze	22	2	6	4
subt. pulv.	1 Drach.	4	—	1	2
	1 Unze	25	6	7	4
Gentianae subt. pulv.	—	5	2	1	6
Glycyrrhizae conc. et gr. modo pulv.	—	7	—	2	—
	½ Pfund	28	—	8	—
subt. pulv.	1 Drach	1	4	—	5
	1 Unze	9	2	2	8
Helenii conc. et gr. modo pulv.	1 Unze	5	6	1	8
	½ Pfund	22	6	6	4
subt. pulv.	1 Unze	7	—	2	—
Hellebori virid. conc. et gr. modo pulv.	1 Drach.	2	6	—	9
	1 Unze	18	—	5	2
subt. pulv.	1 Drach.	3	—	—	10
Ipecacuanhae conc.	1 Scrup.	3	—	—	10
subt. pulv.	—	4	—	1	2
Levistici conc. et gr. modo pulv.	1 Unze	5	2	1	6
	½ Pfund	18	6	5	4
subt. pulv.	1 Unze	4	4	2	2
Pyrethri Germanici conc.	—	13	4	3	10
conc.	—	17	—	4	10

Radix Pyrethri Germanici	Gewicht	ℳ	ngr.	ℒ	₰
subt. pulv.	1 Drach.	3	—	—	10
Ratanhae conc.	—	2	2	—	8
	1 Unze	14	4	4	2
subt. pulv.	1 Drach.	3	—	—	10
Rhei	—	10	4	3	—
	1 Unze	7½	—	21	2
conc.	1 Scrup.	4	6	1	4
	1 Drach	11	6	3	4
subt. pulv.	1 Scrup.	5	2	1	6
	1 Drach.	13	4	3	10
Sarsaparillae conc.	1 Unze	18	—	5	2
	½ Pfund	77	—	22	—
subt. pulv.	1 Drach	3	4	1	—
	1 Unze	22	2	6	4
Senegae conc.	—	23	2	6	8
Serpentar. Virg. conc.	1 Drach.	4	—	1	2
	1 Unze	29	4	8	6
subt. pulv.	1 Drach.	4	6	1	4
Valerianae subt. pulv.	1 Unze	7	—	2	—
Resina Benzoë	1 Drach.	2	6	—	9
	1 Unze	17	4	5	—
Elemi	—	8	6	2	6
Guajaci	—	12	6	3	8
subt. pulv.	1 Drach.	3	4	1	—
Jalapae	10 Gran	9	2	2	8
Mastiche	1 Drach.	5	6	1	8
	1 Unze	43	6	12	6
subt. pulv.	1 Drach.	7	4	2	2
Sandaraca subt. pulv.	—	2	—	—	7
Rhizoma Calami conc. et gr.					
modo pulv.	1 Unze	4	6	1	4
	½ Pfund	16	2	4	8
subt. pulv.	1 Unze	5	2	1	6
Galangae conc. et gr.					
modo pulv.	—	7	—	2	—
subt. pulv.	—	9	2	2	8
Tormentillae conc. et. gr.					
modo pulv.	—	4	6	1	4
subt. pulv.	—	5	6	1	8
Veratri gr. modo pulv.	—	5	6	1	8
subt. pulv.	1 Drach.	1	2	—	4
	1 Unze	7	—	2	—
Zedoariae conc.	—	6	4	1	10
subt. pulv.	1 Drach.	1	2	—	4
	1 Unze	7	4	2	2

Rhizoma Zingiberis conc.	Gewicht	ℳ	ngr.	ℒ	₰
subt. pulv.	1 Unze	7	—	2	—
	1 Drach.	1	2	—	4
	1 Unze	6	2	2	4
Rotulae Menthae piper.	—	12	2	3	6

S.

Saccharum albiss. pulv. subt.	Gewicht	ℳ	ngr.	ℒ	₰
Saccharum albiss. pulv. subt.	1 Drach.	1	2	—	4
	1 Unze	7	—	2	—
Lactis pulv. subt.	1 Drach.	1	4	—	5
Santoninum	10 Gran	3	—	—	10
Sapo guajacinus	1 Drach.	4	—	1	2
jalapinus	1 Scrup.	9	2	2	8
	1 Drach	21	4	7	—
Sebum ovillum tabul.	1 Unze	7	—	2	—
Semen Amygdali amar.	—	7	—	2	—
excort.	—	8	2	2	4
dulce	—	7	—	2	—
excort.	—	8	2	2	4
Myristicae	1 Drach.	1	6	—	6
subt. pulv.	—	2	6	—	9
Paeoniae	1 Unze	11	—	3	2
Phaseoli alb. subt. pulv.	—	4	—	1	2
Piperis alb.	—	7	4	2	2
Strychni gr. modo pulv.	—	5	2	1	6
Species ad Cataplasma	—	5	2	1	6
Decoctum Lignorum	½ Pfund	22	6	6	6
	1 Unze	5	2	1	6
	½ Pfund	22	2	6	4
Fomentum	1 Unze	8	6	2	6
Gargarisma	—	8	6	2	6
Infusum pectorale	—	8	2	2	6
	½ Pfund	34	4	9	10
suffiendum	1 Unze	12	2	3	6
aromaticae	—	11	6	3	4
	½ Pfund	19	—	14	—
Laxantes St. Germain	1 Drach.	3	4	1	—
	1 Unze	22	6	6	6
resolventes	—	8	2	2	4
Spiritus aethereus	—	5	2	1	6
Angelicae comp.	—	7	—	2	—
Juniperi	—	5	6	1	8
Lavandulae	—	5	6	1	8
Mastiches comp.	—	10	4	3	—
Melissae	—	7	—	2	—
Menthae crispae	—	7	—	2	—
saponatus	—	5	6	1	8

	Gewicht	ℳ	mt	⅌	ℒ
Spiritus saponatus	½ Pfund	24	4	7	—
Sinabis	1 Unze	8	2	2	4
Strobuli Lupuli conc.	—	8	6	2	6
Syrupus Althaeae	—	4	6	1	4
Amygdalarum	—	7		2	—
Balsami peruviani	—	6	4	1	10
Berberidum	—	7	4	2	2
Capitum Papaveris	—	6	4	1	10
Cerasorum	—	8	6	2	6
Chinae	—	15	6	4	2
Cinnamomi	—	7	4	2	6
communis	—	4	—	1	2
Corticis Aurantii	—	11	—	3	2
Florum Aurantii	—	5	6	1	8
Glycyrrhizae	—	8	2	2	4
Ipecacuanhae	—	5	6	1	8
Mororum	—	7	4	2	2
Rhei	—	11	—	3	2
Rhoeados	—	5	2	1	6
Rubium	—	7	4	2	2
Rubi Idaei	—	7	4	2	2
Sennae cum Manna	—	8	2	2	4
simplex	—	4	—	1	2
Spinae cervinae	—	7	4	2	2
Succi Citri	—	19	2	5	6
Violarum	1 Drach.	2	2	—	8
	1 Unze	14	—	4	—
Zingiberis	—	5	6	1	8

T.

	Gewicht	ℳ	mt	⅌	ℒ
Terebinthina cocta	1 Unze	5	2	1	6
laricina	—	5	6	1	8
Tinctura Aloës	1 Drach.	1	6	—	6
	1 Unze	11	—	3	2
Asae foetidae	—	11	6	3	4
Benzoës	1 Drach.	2	2	—	8
	1 Unze	13	4	3	10
Capsici	—	11	4	4	2
carminativa	1 Drach.	2	6	—	9
Cascarillae	—	2	2	—	8
	1 Unze	11	—	4	—
Castorei Canadensis	1 Scrup.	2	6	—	9
	1 Drach.	5	2	1	6
aether.	—	5	6	1	8
sibirica	1 Scrup.	17	2	13	6

	Gewicht	ℳ	mt	⅌	ℒ
Tinctura Catechu	1 Drach.	1	6	—	6
	1 Unze	12	2	3	6
Chinae comp.	1 Drach.	2	6	—	9
	1 Unze	17	—	4	10
Chinoidei	—	9	2	2	8
Cinnamomi	1 Drach.	2	2	—	8
	1 Unze	15	2	4	4
Colocynthidis	1 Drach.	2	—	—	7
	1 Unze	13	4	3	10
Colombo	1 Drach.	3	—	—	10
Corticis Aurantii	—	2	6	—	9
	1 Unze	18	—	5	2
Euphorbii	—	10	4	3	—
Ferri acet. Radem.	—	5	2	1	6
pomata	—	11	—	3	2
Formicarum	1 Drach.	2	2	—	8
	1 Unze	14	—	4	—
Fructus Aurantii	1 Drach.	2	—	—	7
	1 Unze	12	6	3	6
Gallarum	1 Drach.	2	2	—	8
Guajaci ammon.	—	2	—	—	7
Hellebori vir.	—	2	6	—	9
Ipecacuanhae	—	3	—	—	10
Kino	—	2	6	—	9
Lobeliae	—	2	6	—	9
Menthae piper.	—	2	2	—	8
Moschi	1 Scrup.	5	6	1	8
Myrrhae	1 Drach	2	2	—	8
	1 Unze	13	4	3	10
Opii benzoica	1 Drach.	2	—	—	7
	1 Unze	13	4	3	10
crocata	1 Scrup.	2	2	—	8
	1 Drach	5	2	1	6
simplex	1 Scrup.	1	4	—	5
	1 Drach.	3	—	—	10
Pimpinellae	—	2	2	—	8
Ratanhae	—	2	2	—	8
	1 Unze	17	—	4	10
Resinae Guajaci	1 Drach.	2	2	—	8
	1 Unze	12	6	3	8
Julapae	1 Drach.	6	4	1	10
Rhei aquosa	—	2	2	—	8
vinosa	1 Unze	16	2	4	8
	1 Drach.	4	—	—	10
	1 Unze	27	4	7	10

	Gewicht	℔ au	⚹	♪
Tinctura Seminis Colchici	1 Drach.	2 2	—	8
Strychni	1 Unze	14 —	4	—
	1 Druch.	2 2	—	8
	1 Unze	13 4	3 10	
Senegae	1 Druch.	2 6	—	9
Tuberum Jalapae	—	3 4	1 —	
Valerianae	—	2 2	—, 8	
	1 Unze	13 4	3 10	
aetherea	(Druch.	2 6	—. 9	
	1 Unze	16 2	4 8	
Vanillae	1 Drach	7 —	2 —	
Zingiberis	—	2 4	— 5	
Tragacantha subt. pulv.	—	3 —	— 10	
Tubera Aconiti conc.	1 Unze	5 6	1 8	
subt. pulv.	1 Drach.	1 4	— 5	
	1 Unze	8 2	2 4	
Ari conc.	—	5 6	1 8	
subt. pulv.	1 Drach.	1 4	— 5	
Jalapae gr. modo pulv.	—	4 6	1 4	
	1 Unze	34 4	9 10	
subt. pulv.	1 Scrup.	2 2	— 8	
	1 Drach.	5 2	1 6	
	—	3 4	1 —	
Salep subt. pulv.	1 Unze	23 2	6 8	

U.

	Gewicht	℔ au	⚹	♪
Unguentum acre (U. Canthar. in us. veterin.)	1 Unze	12 2	3 6	
cereum	—	15 2	4 4	
Cerussae	—	9 2	2 8	
camphorat.	—	11 6	3 4	
Digitalis	1 Drach.	4 —	1 2	
ex herba recente	1 Unze	10 —	2 10	
Elemi	1 Drach.	1 6	— 6	
	1 Unze	11 —	3 2	

	Gewicht	℔ au	⚹	♪
Unguentum flavum	1 Unze	10 4	3 —	
Glycerini	--	16 2	4 8	
Hydrargyri cinereum	1 Drach.	2 6	— 9	
	1 Unze	17 4	5 —	
citrinum	—	1 6	— 6	
Linariae	1 Drach.	10 —	2 10	
Majoranae	1 Unze	10 —	2 10	
oxygenatum	1 Drach.	3 —	— 10	
Plumbi	1 Unze	12 2	3 6	
tannici	1 Drach.	1 6	— 6	
populeum ·	1 Unze	10 4	3 —	
rosatum	1 Drach.	2 2	— 8	
	1 Unze	14 —	4 —	
Rosmarini comp.	1 Drach	3 4	1 —	
	1 Unze	24 —	6 10	
Stibio kali tartar.	1 Drach.	1 6	— 6	
	1 Unze	1 6	3 4	
sulphuratum comp.	—	10 4	3 —	
terebinthinatum	—	8 6	2 6	
Zinci	1 Drach.	2 2	— 8	
	1 Unze	15 2	4 4	

V.

	Gewicht	℔ au	⚹	♪
Vanilla saccharata (1:3)	1 Scrup.	3 —	— 10	
Vinum camphoratum	1 Unze	8 2	2 4	
Gallicum album	—	7 —	2 —	
rubrum	—	8 6	2 6	
Hispanicum	—	7 —	2 —	
Ipecacuanhae	1 Drach.	5 2	1 6	
Seminis Colchici	—	3 4	1 —	
	1 Unze	21 —	6 —	

Z.

	Gewicht	℔ au	⚹	♪
Zibethum	1 Gran	3 —	— 10	

1 8 6 6.

Gesetzsammlung
für das Fürstenthum Schwarzburg-Rudolstadt.

Zwölftes Stück vom Jahre 1866.

№ XXI. Ministerial-Verordnung

vom 18. Mai 1866, die Ausführung des Gesetzes über die Vertheilung,
Tragung und Vergütung der Militairlasten vom 27. Mai 1859,
(Ges.-Samml. 1859 Seite 115), betreffend.

Zur Ausführung des Gesetzes über die Vertheilung, Tragung und Vergütung
der Militairlasten vom 27. Mai 1859, (G.-S. 1859 S. 115), wird mit höchster Genehmigung Serenissimi Folgendes bestimmt:

§. 1.

Zur Verpflegung einquartierter Truppen haben die Quartierwirthe zu gewähren:

1) für einen General, Oberst oder anderen Stabsofficier:
   Morgens: Kaffee und Frühstück, Butterbrod nebst Beilage und Liqueur;
   Mittags: Suppe, Gemüse und Fleisch nebst noch einem anderen Gerichte
   und eine Flasche Wein für den General oder Oberst, eine Flasche Bier für
   einen anderen Stabsofficier;
   Abends: Suppe und ein warmes Gericht nebst einer Flasche Bier
   einschließlich des erforderlichen Brodbedarfs;

2) für einen Hauptmann und einen Subaltern-Officier:
   Morgens: Zum Frühstück Kaffee, Butterbrod und Liqueur;
   Mittags: Suppe, Gemüse und Fleisch nebst einer Flasche Bier;
   Abends: Kalte Fleischspeise nebst einer Flasche Bier
   einschließlich des erforderlichen Brodbedarfs.

Fürstl. Schw. Rudolst. Gesetzsamml. XXVII.   16

Ausgegeben in **Rudolstadt** den 30. Mai 1866.

1866.

Dem Hauptmann ist aber Mittags außer der erwähnten Verpflegung noch ein Gericht mehr zu gewähren.

3) bei den Unterofficieren und Gemeinen:

Zum Frühstück Kaffee oder Suppe; ferner täglich ½ Pfund Fleisch und Zugemüse, soviel von letzterem des Mittags und Abends zu einer reichlichen Mahlzeit gehört, und täglich 2 Pfund gut ausgebackenes Roggenbrod.

§. 2.

Das Quartier soll, soweit die Räumlichkeiten des Quartiergebers es gestatten, neben dem von dem Wirthe zu gewährenden nöthigen Holz und Licht bestehen

1) für einen General oder Oberst:

In zwei heizbaren Räumlichkeiten, von denen eine als Schlafzimmer dienen kann, nebst Meubles und Bett; außerdem in dem nöthigen Raume zum Aufenthalt und Schlafen für den Diener;

2) für einen anderen Stabs-Officier:

In einer Wohnstube, einer Schlafstube, einem Raume für den Diener, nebst Meubles und Betten;

3) für einen Hauptmann oder Subaltern-Offizier:

In einem heizbaren Zimmer nebst Meubles und Bett; doch können zwei Subaltern-Officiere in eine Stube zusammengelegt werden;

4) für Unterofficiere und Gemeine:

In einer gegen die Witterung gehörig geschützten Lagerstätte nebst Decke, mit der Befugniß, am Tage in der Wohnstube des Wirths oder in einem sonstigen im Winter von demselben geheizten Locale sich aufhalten zu dürfen.

§. 3.

Für die Bequartierung und Verpflegung werden dem Quartiergeber auf jeden Tag die nachfolgenden Vergütungssätze gewährt:

1) für einen General oder Obersten

3 Fl. 30 Kr. = 2 Thlr.

2) für einen anderen Stabs-Officier

2 Fl. 37 Kr. 4 Hllr. = 1 Thlr. 15 Sgr.

3) für einen Hauptmann

1 Fl. 45 Kr. = 1 Thlr.

1866.

4) für einen Subaltern-Officier
    1 Fl. 18 Kr. bez. — Thlr. 22 Sgr. 6 Pf.

5) für Unterofficiere und Gemeine
    — Fl. 26 Kr. 2 Hlr. bez. — Thlr. 7 Sgr. 6 Pf.

Wenn in der Oberherrschaft der Preis eines Scheffels Roggen, Rudolstädter Rathsgemäß, über 9 Fl. und in der Unterherrschaft der Preis eines Preußischen Scheffels über 1 Thlr. 13 Sgr. steigt, dann wird auf je volle 1 Fl. bezüglich 17 Sgr. 6 Pf. darüber die Vergütung der unter No 5 genannten Militairpersonen um je 2 Kr. bez. 8 Pf. täglich erhöht.

Bei Berechnung der Roggenpreise werden die monatlichen Durchschnitts-Marktpreise der Residenz Rudolstadt bezüglich der Stadt Frankenhausen zu Grunde gelegt.

§. 4.

Für Quartier ohne Verpflegung wird gewährt, und zwar:

für das Quartier	täglich in den Monaten Mai bis September einschließlich (Sommermonate)		täglich in den Monaten October, Nov., Dec., Januar, Febr., März u. April (Wintermonate)	
1 Generals oder Obersten	52½ Kr.	= 15 Sgr.	1 Fl. 10 Kr.	= 20 Sgr.
1 anderen Stabs-Officiers	35 „	= 10 „	— „ 52½ „	= 15 „
1 Hauptmanns	24½ „	= 7 „	— „ 35 „	= 10 „
1 Subaltern-Officiers	17½ „	= 5 „	— „ 26½ „	= 7½ „
1 Unterofficiers und Gemeinen	2½ „ bez. 8 Pf.		— „ 3½ „	= 1 „

§. 5.

Die Militair-Beamten werden wie diejenigen Officier- und Unterofficier-Classen behandelt, denen sie in ihren Rangverhältnissen gleichgestellt sind.

§. 6.

An Stallgeld wird gewährt
    täglich 1 Kr. 6 Hlr. = 6 Pf. für jedes Pferd.

Dafür haben die Stalleigenthümer für die nöthigen Laternen zu sorgen. Für etwaige durch die Militair-Pferde an den Ständen verursachte Schäden wird keine Entschädigung geleistet.

1866.

§. 7.

Als Vergütung für die Vorspanne wird auf jede Meile und auf jedes Pferd, ohne Unterschied zwischen einspännigen und zweispännigen Fuhren 35 Kr. = 10 Sgr. gewährt, wobei jedoch für den etwa zu stellenden Wagen oder Karren und für den Rückweg keine besondere Vergütung geleistet wird.

Wenn in der Oberherrschaft der Preis eines Scheffels Hafer, Rudolstädter Rathsgemäß, 3 Fl., und in der Unterherrschaft der Preis eines Preußischen Scheffels 15 Sgr. übersteigt, dann wird auf je volle 15 Kr. bezüglich 4 Sgr. 3 Pf. darüber obige Vergütung um 2 Kr. bezüglich 8 Pf. für jede Meile und jedes Pferd erhöht.

Bei Berechnung der Haferpreise werden ebenfalls die monatlichen Durchschnitts-Marktpreise der Residenz Rudolstadt bez. der Stadt Frankenhausen zu Grunde gelegt.

§. 8.

An Botenlohn wird für jede Meile 21 Kr. = 6 Sgr. bezahlt, wobei jedoch der Rückweg nicht gerechnet wird.

Rudolstadt, den 18. Mai 1866.

Fürstl. Schwarzb. Ministerium.

v. Bertrab.

Gesetzsammlung

für das Fürstenthum Schwarzburg-Rudolstadt.

Dreizehntes Stück vom Jahre 1866.

№. XXII. **Ministerial-Bekanntmachung,**

betreffend den Vertrag mehrerer deutschen Regierungen wegen Verpflegung erkrankter und Beerdigung verstorbener Staatsangehöriger, vom 19. Mai 1866.

Nach Publication der Uebereinkunft mehrerer deutschen Regierungen wegen Verpflegung erkrankter und Beerdigung verstorbener Staatsangehöriger vom 1. Juli 1853 (Ges.-Samml. 1853, S. 278) haben nachträglich noch einige Regierungen ihren Beitritt zu dem Vertrage erklärt, so daß derselbe gegenwärtig außer in den in der Convention genannten Staaten auch in

Oesterreich,   Nassau,
Baiern,   Waldeck,
Württemberg,   Hamburg und
Baden,   Lübeck

zur Anwendung kommt, was hiermit öffentlich bekannt gemacht wird.

Rudolstadt, den 19. Mai 1866.

Fürstl. Schwarzb. Ministerium.

v. Bertrab.

№. **XXIII. Ministerial-Bekanntmachung**

vom 30. Mai 1866, betr. eine Modification des Artikels 18 des Münzvertrags vom 24. Januar 1857.

Nachdem sämmtliche am Münzvertrage vom 24. Januar 1857 (Ges.-Samml. 1857, S. 25 ff.) betheiligte Regierungen auf Antrag des K. K. Oesterreichischen Gouvernements eine Modification der Bestimmungen im Artikel 18, Absatz 2 des gedachten Münzvertrags, dahin vereinbart haben, daß der Termin, bis zu welchem es Oesterreich vorbehalten bleibt, Ducaten in der bisherigen Weise auszuprägen, bis zum Schluß des Jahres 1870 verlängert sein soll, so wird dies hierdurch zur öffentlichen Kenntniß gebracht.

Rudolstadt, den 30. Mai 1866.

Fürstl. Schwarzb. Ministerium.

v. Bertrab.

№. **XXIV. Ministerial-Bekanntmachung**

vom 1. Juni 1866, das Königlich Preußische Verbot der Ausfuhr von Getreide, Heu und Stroh nach Oesterreich betreffend.

Nachdem die Königlich Preußische Regierung unterm 22. v. M. die Ausfuhr von Getreide, Heu und Stroh über die Grenze von der Weichsel bei Thorn (diese eingeschlossen) bis zur Grenze gegen das Königreich Sachsen bei Seidenberg bis zum 1. October d. J. verboten hat, so wird dieses Verbot unter Hinweisung darauf, daß Uebertretungen desselben auf Grund des Zollkartels vom 11. Mai 1833 auch im hiesigen Fürstenthume zu bestrafen sind, zur Nachachtung hierdurch bekannt gemacht.

Rudolstadt, den 1. Juni 1866.

Fürstl. Schwarzb. Ministerium.

v. Bertrab.

1 8 6 6.

Gesetzsammlung

für das Fürstenthum Schwarzburg-Rudolstadt.

Vierzehntes Stück vom Jahre 1866.

№ **XXV. Ministerial-Bekanntmachung**

vom 18. Juni 1866, das Königlich Preußische Verbot der Ausfuhr von Mühlenfabrikaten u. s. w. nach Oesterreich betreffend.

Nachdem die Königlich Preußische Regierung unterm 13. d. M. die Ausfuhr von allen Mühlenfabrikaten aus Getreide und Hülsenfrüchten, als geschrotenen und geschälten Körnern, Graupe, Gries, Grütze, Mehl, sowie von gewöhnlichem Backwerk (Brod, überhaupt Bäckerwaaren), ferner die Ausfuhr von allem Rind- und Schaafvieh über die Grenze von der Weichsel bei Thorn (diese eingeschlossen) bis zur Grenze gegen das Königreich Sachsen bei Seidenberg bis zum 1. October d. J. verboten hat, so wird dieses Verbot unter Hinweisung darauf, daß Uebertretungen desselben auf Grund des Zollkartels vom 11. Mai 1833 auch im hiesigen Fürstenthume zu bestrafen sind, zur Nachachtung hierdurch bekannt gemacht.

Rudolstadt, den 18. Juni 1866.

Fürstl. Schwarzb. Ministerium.

v. Bertrab.

1866.

№. XXVI. Verordnung,

die Einberufung des Landtags betr., vom 21. Juni 1866.

Wir Friedrich Günther, von Gottes Gnaden, Fürst zu Schwarzburg ꝛc. verordnen auf Grund des §. 40 des Grundgesetzes vom 21. März 1854, daß der Landtag des Fürstenthums zu einer außerordentlichen Sitzung auf den 2. Juli d. J. in Unsere Residenz Rudolstadt einberufen werde und beauftragen Unser Ministerium mit der Ausführung dieser Verordnung.

Urkundlich unter Unserer eigenhändigen Unterschrift und beigedrucktem Fürstlichen Insiegel.

So geschehen

Rudolstadt, den 21. Juni 1866.

(L. S.) **Friedrich Günther, F. z. S.**

v. Bertrab.   v. Ketelhodt. v. Bamberg.

1866.

Gesetzsammlung

für das Fürstenthum Schwarzburg-Rudolstadt.

Fünfzehntes Stück vom Jahre 1866.

№. **XXVII. Bekanntmachung**
der Fürstlichen Regierung vom 23. Juni 1866, die Ertheilung der Rechte einer juristischen Person an den Vorschuß-Verein zu Rudolstadt betr.

Dem Vorschuß-Vereine in Rudolstadt sind höchsten Orts auf Grund der vorgelegten Statuten vom 5. d. M. und unbeschadet der statutenmäßigen solidarischen Haftpflicht der einzelnen Vereinsmitglieder die Rechte einer juristischen Person verliehen worden.

Rudolstadt, den 23. Juni 1866.

Fürstl. Schwarzb. Regierung.
v. Bertrab.

1866.

№. **XXVIII. Ministerial=Bekanntmachung**

vom 29. Juni 1866, die von der Königlich Württembergischen Regierung erfolgte Ermäßigung der Uebergangssteuer für das zur Branntweinbereitung bestimmte Grünmalz betreffend.

Unter Bezugnahme auf die Ministerial-Bekanntmachung vom 16. October v. J. (Seite 323 der Gesetz-Samml. von 1865) wird hierdurch zur öffentlichen Kenntniß gebracht, daß von der Königlich Württembergischen Regierung der Betrag der Uebergangssteuer für gequetschtes Grünmalz auf 9 Kr. vom Württembergischen Simri ermäßigt worden ist.

Rudolstadt, den 29. Juni 1866.

Fürstl. Schwarzb. Ministerium.
v. Bertrab.

№. **XXIX. Ministerial=Bekanntmachung**

vom 29. Juni 1866, das Regulativ über die Prüfungen, die Ausbildung und die Beschäftigung der Rechtscandidaten, Accessisten und Auditoren betreffend.

Nachdem die zu einer engeren Gerichtsgemeinschaft verbundenen Regierungen von Schwarzburg-Rudolstadt, Sachsen-Weimar-Eisenach, Schwarzburg-Sondershausen und Reuß j. L. wegen Erlasses eines neuen Regulativs über die Prüfungen, die Ausbildung und die Beschäftigung der Rechtscandidaten, Accessisten und Auditoren sich verständigt haben, so wird dasselbe nachstehend unter gleichzeitiger Aufhebung der Regulative vom 29. Februar 1852 (Ges.-Samml. 1852 S. 23 ff.) resp. vom 26. April 1853 (Ges.-Samml. 1853 S. 79 ff.) und der Verordnung vom 8. März 1852 (Ges.-Samml. 1852 S. 36) zur öffentlichen Kenntniß gebracht.

Rudolstadt, den 29. Juni 1866.

Fürstl. Schwarzb. Ministerium.
v. Bertrab.

1866.

Regulativ
über die Prüfungen, die Ausbildung und die Beschäftigung der Rechts=
Candidaten, Accessisten und Auditoren.

I. Die erste Prüfung betreffend.

§. 1.
Die Prüfung der Rechts = Candidaten (Accessisten=Examen) findet der Regel
nach zwei Mal in jedem Jahre, zu Anfang und um die Mitte des Jahres, statt.

§. 2.
Diejenigen, welche zu dieser Prüfung zugelassen zu werden wünschen, haben
sich vor dem 1. October und bezüglich vor dem 1. April jeden Jahres unter Ueber=
reichung

A. einer in deutscher Sprache verfaßten kurzen Darstellung ihrer persönlichen
   Verhältnisse und ihres Bildungsganges,
B. der Zeugnisse
   1) über die beim Gymnasium bestandene Maturitäts=Prüfung,
   2) über ihr sittliches Verhalten seit dem Abgange von dem Gymnasium und
   3) über ihre seitdem stattgefundene wissenschaftliche Ausbildung, namentlich
      über die auf Universitäten gehörten Lehrvorträge,
bei dem Appellations=Gerichte anzumelden.

Die unter B. 3 erwähnten Lehrvorträge anlangend, muß der Candidat nach=
weisen, daß von ihm wenigstens einige Vorlesungen über philosophische, historische
oder staatswissenschaftliche Gegenstände (Psychologie, Logik, Naturrecht, Geschichte,
Politik, Volkswirthschafts=Lehre, Finanz= oder Polizei=Wissenschaft und dergleichen),
ferner von fachwissenschaftlichen Vorträgen wenigstens die nachstehenden:

a) Institutionen und Geschichte des römischen Rechts,
b) Pandekten mit Einschluß des Familien= und Familiengüter=Rechts und des
   Erbrechts,
c) deutsche Rechtsgeschichte,
d) deutsches Privat=Recht mit Einschluß des Handelsrechts und des Lehnrechts,
e) Kirchenrecht,
f) deutsches Staatsrecht,
g) Criminal=Recht und Criminal=Proceß,

19*

h) Civil-Proceß,

i) Civil-Proceß-Praktikum,

k) Relatorium,

gehört worden sind. Uebrigens wird auch Kenntniß des sächsischen Rechts und sächsischen Processes vorausgesetzt und wird sich die Prüfung hierauf mit erstrecken.

Ueber die erfolgte Zulassung oder Zurückweisung der Candidaten ist den Ministerien der Länder, denen die Candidaten angehören, berichtliche Anzeige zu machen.

§. 3.

Der Präsident des Appellations-Gerichts ernennt die Prüfungs-Commission, welche wenigstens aus drei Mitgliedern besteht. Regelmäßig ist dieselbe durch Mitglieder des Appellations-Gerichts zu bilden. Es können jedoch auch andere Rechts-kundige mit Genehmigung des Ministeriums des Inspectionshofes zugezogen werden.

§. 4.

Das Appellations-Gericht läßt jedem der gehörig zu dem Examen angemeldeten Rechts-Candidaten reponirte Akten erster Instanz über zwei geeignete Civil-Rechts-Fälle, von denen der eine im ordentlichen Proceß-Verfahren verhandelt sein muß, zu-gehen. Aus diesen Akten hat der Candidat zwei Probe-Relationen anzufertigen und eigenhändig geschrieben binnen sechs Wochen bei dem Appellations-Gerichte einzu-reichen, dabei auch schriftlich an Eidesstatt zu versichern, daß er die Arbeiten ohne fremde Beihilfe gefertigt habe.

Eine Verlängerung der Frist soll nur aus sehr erheblichen, genügend bescheinig-ten, Gründen gestattet werden.

Von dem Appellations-Gerichte gelangen die eingereichten Probeschriften an die Prüfungs-Commission und cirkuliren bei deren einzelnen Mitgliedern. Bei Prü-fung dieser Arbeiten soll das Gewicht nicht nur auf die richtige Auffassung und Beurtheilung der Sache, sondern auch auf eine übersichtliche und klare Verarbeitung des gegebenen Stoffs gelegt werden.

§. 5.

Ergibt sich aus der Prüfung der Probe-Relationen, daß es dem Candidaten an der genügenden Befähigung mangelt, zu der weiteren Prüfung zugelassen zu werden, so hat das Appellations-Gericht auf Antrag der Prüfungs-Commission ihn auf eine zu bestimmende Zeit vom Examen zurückzuweisen und dem Ministerium des Landes, dem er angehört, hiervon berichtliche Anzeige zu machen.

1866.

§. 6.

Für die weitere Prüfung, zu der die Ladungen durch die Prüfungs-Commission erlassen werden, sind drei Tage bestimmt, und zwar ein Tag für mündliche, zwei Tage für schriftliche Prüfung. Sind jedoch mehr als sechs Candidaten vorhanden, so werden auch der mündlichen Prüfung zwei Tage gewidmet, dergestalt, daß ein Theil der Candidaten an dem einen, der andere Theil an dem andern Tage geprüft wird.

§. 7.

Die mündliche Prüfung ist öffentlich. Sie findet an dem bestimmten Tage, Vormittags und Nachmittags, im Ganzen — je nach der Zahl der Examinanden — vier bis sieben Stunden hindurch in deutscher Sprache statt.

Dem Candidaten sind dabei auch schwierigere Stellen des Corpus juris zum Uebersetzen und Erläutern, desgleiche kürzere zweifelhafte Rechtsfragen zur Meinungsäußerung und Entscheidung vorzulegen.

§. 8.

Die schriftliche Prüfung erfolgt unter Clausur. An den Vormittagen der für sie bestimmten zwei Tage werden den Candidaten je zwölf, und an dem Nachmittage des ersten Tages sechs schriftliche Fragen aus allen Gebieten der Rechtswissenschaft theils in deutscher, theils in lateinischer Sprache vorgelegt, welche die Candidaten in derselben Sprache, in der sie gestellt sind, schriftlich zu beantworten haben.

Am Nachmittage des letzten Tages wird ein kurzer Rechtsfall schriftlich vorgelegt, dessen Entscheidung mit Gründen sofort auszuarbeiten ist.

Bei Fertigung dieser Arbeiten, für welche eine im Voraus zu bestimmende Zahl von Stunden — in der Regel von acht Uhr Vormittags bis 1 Uhr Mittags und von drei bis 8 Uhr Nachmittags nachgelassen wird, dürfen sich die Candidaten weder über dieselben unter einander besprechen, noch — das Nachschlagen im Corpus juris ausgenommen — äußerer Hilfsmittel bedienen. Um die genaue Befolgung dieser Vorschrift zu überwachen, soll ein Secretair während der ganzen Arbeitszeit gegenwärtig sein.

§. 9.

Die Prüfungs-Commission ertheilt hiernächst, nachdem die schriftlichen Probearbeiten bei sämmtlichen Mitgliedern circulirt haben, selbstständig die Censuren nach dem Ausfall der Prüfung und fertigt die Prüfungszeugnisse aus.

Es gibt drei Grade der Censur: 1) ausgezeichnet, 2) gut, 3) ausreichend. Auch kann die Verbindung zweier, einander nächster Censurgrade in dem Zeugnisse stattfinden.

1866.

Wer nicht einmal die dritte Censur erhält, hat nicht bestanden und darf sich vor Ablauf eines Jahres nicht wieder zur Prüfung melden. Erlangt er auch dann, bei einer zweiten Prüfung, nicht einmal den dritten Censurgrad, so kann seine nochmalige Zulassung zu einer Prüfung nur mit besonderer Genehmigung des Landesfürsten erfolgen.

§. 10.

Die über die Prüfung jedes Rechts-Candidaten besonders anzulegenden Akten werden an das Appellations-Gericht abgegeben und bleiben, falls nicht von dem Ministerium etwas anderes bestimmt wird, in dessen Verwahrung. Das Appellations-Gericht setzt sowohl das Ministerium, als auch die Kreisgerichte des Landes, dem der Candidat angehört, von dem Ergebniß der Prüfung in Kenntniß.

§. 11.

Für die Prüfung sind dem Rechts-Candidaten als Separat-Gebühr zuzuliquidiren:

2 Thlr. — Sgr. für jeden der Prüfungs-Commissare,
1 „ — „ für den Secretair,
— „ 15 „ Dienergebühr,
— „ 1 „ von jeder Seite der durch die Prüfung veranlaßten Abschriften oder Reinschriften für die betreffenden Canglisten.

II. Die Ausbildung der Accessisten nach der ersten Prüfung betreffend.

§. 12.

Nach bestandenem Examen wird jeder Rechts-Candidat, der von nun an die Bezeichnung „Accessist" erhält, durch das Ministerium einem Kreisgerichte des Landes, welchem er angehört, zugewiesen und durch dasselbe auf den allgemeinen Staatsdiener-Eid verpflichtet.

Bei der Zuweisung an die verschiedenen Kreisgerichte soll zwar auf die eigenen Wünsche des Accessisten billige Rücksicht genommen, jedoch, damit der Zweck praktischer Ausbildung möglichst erreicht werde, vor Allem darauf Bedacht genommen werden, daß die Zahl der dem einzelnen Kreisgerichte zugetheilten Accessisten zu dem Geschäftsumfange dieser Behörde und der ihr unterstellten Einzelgerichte in einem möglichst richtigen Verhältnisse stehe.

1866.

§. 13.

Ein jeder Accessist ist nach bestandener erster Prüfung behufs seiner praktischen Ausbildung zwei Jahre lang bei gerichtlichen Behörden zu beschäftigen und zwar zuerst mindestens ein Jahr lang bei einem Einzelgerichte, nachher aber bei einem Kreisgerichte oder Einzelgerichte.

Für die Beschäftigung des Accessisten während dieses Ausbildungs-Cursus sind folgende Vorschriften maßgebend.

Zunächst ist der Accessist einige Monate lang unter gehöriger Anleitung zu dem mehr mechanischen Dienste, daneben aber auch zum Protokolliren zu verwenden. Hierbei ist darauf zu sehen, daß er eine gewisse Uebersicht über den Geschäftsgang im Allgemeinen und über die verschiedenen, bei der betreffenden Behörde vorkommenden Angelegenheiten gewinne. Nach dieser Zeit soll von der Heranziehung zu den mehr mechanischen Verrichtungen abgesehen und die Beschäftigung, soweit irgend thunlich, auf alle Geschäftszweige erstreckt werden. Zu diesem Zwecke ist der Accessist namentlich auch zur Aufnahme von Anbringen und Klagen, zur Abhaltung von Terminen, zum Expediren und Entwerfen von Ausfertigungen, Beschlüssen und Entscheidungen in Civil-Prozeß- und Untersuchungs-Sachen, sowie in Angelegenheiten der freiwilligen Gerichtsbarkeit, jedoch stets unter specieller Aufsicht des Dirigenten oder eines andern Mitgliedes der betreffenden Behörde, zu verwenden.

Diejenigen Accessisten, welche durch den Ausfall der ersten Prüfung die Befähigung erlangt haben, zum Auditoren-Examen zugelassen zu werden (§. 17), müssen im zweiten Jahre ihres Ausbildungs-Cursus mindestens sechs Monate lang bei dem Kreisgerichte und zwar in der Weise beschäftigt werden, daß sie neben der Aufnahme von Protokollen, insbesondere von Protokollen in öffentlichen Verhandlungen, unter der speciellen Aufsicht eines Collegial-Mitgliedes Vorträge im Collegium erstatten, zur Prozeß-Leitung gehörige Geschäfte besorgen, sowie Beschlüsse und Erkenntnisse in den verschiedenen Zweigen der Rechtspflege ausarbeiten. Zu den Sitzungen des Collegiums sind sie in der Regel zuzuziehen.

Den Vorständen der betreffenden Behörden liegt ob, die praktische Ausbildung der Accessisten nach jeder Richtung hin thunlichst zu fördern, insbesondere auch darauf zu achten, daß dieselben in ihren schriftlichen Arbeiten und bei den mündlichen Vorträgen Klarheit, Geläufigkeit und Correctheit des Ausdrucks sich aneignen. Zugleich muß aber auch den Accessisten die erforderliche Zeit gewährt werden, die auf der Universität begonnenen rechtswissenschaftlichen Studien fortzusetzen und sich mit der Partikular-Gesetzgebung in ihrem ganzen Umfange vertraut zu machen.

1866.

§. 14.

Die Vertheilung der Accessisten in dem Bereiche eines jeden Kreisgerichts hängt zunächst von diesem ab. Gemeinschaftliche Kreisgerichte können jedoch einen Accessisten nicht dem Einzelgerichte eines Landes zuweisen, dem derselbe nicht angehört. Unter dieser, sowie unter der in §. 12 Absatz 2 erwähnten Beschränkung sind die eigenen Wünsche des Accessisten nach Möglichkeit zu berücksichtigen.

§. 15.

Jede Behörde, bei welcher ein Accessist beschäftigt gewesen ist, hat bei dessen Abgang an das Kreisgericht, dem er ursprünglich zugewiesen worden ist, ein Zeugniß über die Art der Beschäftigung, über die gezeigte Befähigung und den Fleiß des Accessisten, sowie über dessen Führung im Allgemeinen, gelangen zu lassen.

III. Die zweite Prüfung betreffend.

§. 16.

In der Regel soll Niemand zum Mitglied eines Justiz-Collegiums, zum Staats-anwalt, zum Dirigenten eines Einzelgerichts oder zum Rechtsanwalt oder zu höheren Verwaltungsstellen, welche juristische Vorbildung voraussetzen, befördert werden, der nicht eine zweite Prüfung (das Auditoren-Examen) bestanden hat.

§. 17.

Um zu dieser zweiten Prüfung zugelassen werden zu können, muß der Accessist

1) in der ersten Prüfung wenigstens die zweite Censur — ohne jedwede Verbindung mit der dritten — erhalten,

2) den in §. 13 vorgeschriebenen Ausbildungs-Cursus vollständig absolvirt haben und

3) durch die Zeugnisse der Justiz-Behörden, bei denen er beschäftigt gewesen ist, darthun, daß seine Führung, sein Fleiß und seine Befähigung zu den Ge-schäften befriedigend gewesen seien.

Hiernach werden Accessisten, welche in der ersten Prüfung nur den dritten Censur-Grad, ganz oder theilweise, erhalten haben, zu dem Auditoren-Examen nicht eher zugelassen, als nachdem sie die erste Prüfung wiederholt und wenigstens den zweiten Censur-Grad erlangt, bezüglich nachdem sie den in §. 13 Absatz 4 vorgeschriebenen Ausbildungs-Cursus bei dem Kreisgerichte nachträglich noch absolvirt haben.

1866.

Kann ein Accessist den unter 3 erforderten Nachweis nicht beibringen, so ist er durch das Appellations-Gericht nach Befinden auf ein halbes oder auf ein ganzes Jahr zur Fortsetzung seiner Vorbildung an das betreffende Kreisgericht zurückzuweisen.

§. 18.

Die Meldung zu der zweiten Prüfung erfolgt bei dem betreffenden Kreisgerichte, welches die Meldungsgesuche mit den Zeugnissen der Behörden, bei welchen der Accessist beschäftigt gewesen ist, an das Appellations-Gericht einsendet. Das Appellations-Gericht hat dieselben zu prüfen und noch vor der Vorladung zu dem Examen ebenso wie bei dem ersten Examen (§. 2) Anzeige davon an das betreffende Ministerium zu machen. Der Präsident des Appellations-Gerichts ernennt die Prüfungs-Commission, hinsichtlich deren Zusammensetzung die im §. 3 ertheilten Vorschriften gelten.

§. 19.

Die Prüfung selbst findet, sobald sich nach dem Ermessen des Appellations-Gerichts eine angemessene Zahl von Accessisten gemeldet hat, und zwar in folgender Weise, statt:

Es werden zunächst dem betreffenden Accessisten currente Akten in einer an das Appellations-Gericht zur Fällung des Erkenntnisses gediehenen Civil-Proceß-Sache zweiter Instanz vorgelegt, aus welchen der Candidat eine schriftliche Relation mit Votum auszuarbeiten und binnen drei Wochen bei dem Appellations-Gerichte einzureichen, sodann aber in der Sitzung des Collegiums mündlich zu referiren, ein gutachtliches Votum abzugeben und dasselbe zu begründen hat.

Dabei ist dem Candidaten gestattet, die schriftlich ausgearbeitete Relation bei dem mündlichen Vortrage zu benutzen.

Nach erfolgtem Beschlusse des Collegiums hat der Candidat das Erkenntniß mit den Entscheidungsgründen auszuarbeiten und dasselbe innerhalb acht Tagen nach der betreffenden Sitzung dem Referenten des Collegiums zu übergeben.

Die an dem Beschlusse Theil nehmenden Mitglieder des Appellations-Gerichts, unter denen sich regelmäßig die zur Prüfungs-Commission bestimmten Mitglieder des Collegiums befinden sollen, haben sich über die von dem Accessisten bei dem Vortrage und bei Ausarbeitung des Erkenntnisses gezeigte Befähigung zu verständigen, worauf der Referent eine, von dem Vorsitzenden mit zu unterzeichnende Niederschreibung zu den Prüfungs-Akten zu bringen hat. Hat der Candidat nach dem Ermessen des Appel-

1866.

lations-Gerichts bei dem Vortrage und bei Ausarbeitung des Erkenntnisses eine genügende Befähigung zur Zulassung zum Auditoriat nicht dargethan, so ist nach §. 5 zu verfahren. Außerdem wird mit dem Accessisten eine mündliche öffentliche Prüfung vorgenommen, welche Vormittags nach der Zahl der Examinanden etwa zwei bis fünf Stunden währt und neben einer Erforschung darüber, ob der betreffende Accessist sich in den juristischen Disciplinen überhaupt gründlich fortgebildet habe, insbesondere auch die Partikular-Gesetzgebung zum Gegenstande haben soll. Am Nachmittage dieses Tags und an dem darauf folgenden Vormittage hat der Candidat sechzehn ihm schriftlich vorgelegte Fragen unter Clausur schriftlich zu beantworten. Es gelten hierbei die in §. 8 ertheilten Vorschriften. Doch soll dem Candidaten neben dem Corpus juris auch, insoweit es die Beschaffenheit der gestellten Fragen angemessen erscheinen läßt, die Gesetzsammlung des Landes, dessen Angehöriger er ist, zum Nachschlagen überlassen werden.

§. 20.

Die Prüfungs-Commission ertheilt nach dem Ausfalle der Prüfung die Censuren und läßt in ihrem Namen die Prüfungs-Zeugnisse ausfertigen.

Es gibt zwei Grade der Censur:

1) ausgezeichnet, 2) gut,

welche mit einander auch verbunden werden können.

Wer nicht bestanden hat, kann vor Ablauf eines Jahres nicht wieder zu der Prüfung zugelassen werden. Besteht er auch dann nicht, so ist seine Zulassung zu einer nochmaligen Prüfung ohne Genehmigung des Landesfürsten unstatthaft.

§. 21.

Das Appellations-Gericht, an welches die Akten mit den Original-Ausfertigungen von der Prüfungs-Commission zurückgelangen, setzt das Ministerium und die Kreisgerichte des Landes, dem der geprüfte Accessist angehört, von dem Ergebniß der Prüfung in Kenntniß.

§. 22.

Die Gebühren für die zweite Prüfung sind den Gebühren für die erste Prüfung, wie sie §. 11 bestimmt, gleich.

IV. Die praktische Ausbildung der Auditoren betreffend.

§. 23.

Nach bestandener zweiter Prüfung führt der Accessist die Bezeichnung „Auditor.‟

1866.

Er erlangt, nach vorgängiger Verpflichtung auf den Richtereid, die Befähigung, rich-
terliche Functionen auszuüben, sowie Vertheidigungen zu führen. Zur Uebernahme
einer Vertheidigung bedarf er jedoch, dafern er nicht Amtswegen als Vertheidiger bestellt
wird, der Erlaubniß der Behörde, bei der er beschäftigt ist.

Zu seiner weitern Ausbildung wird der Auditor mindestens sechs Monate lang
bei dem Appellations-Gerichte in der Weise beschäftigt, daß er unter Aufsicht
eines Collegial-Mitgliedes in Civil- und Untersuchungs-Sachen Vorträge zu erstatten
und Erkenntnisse auszuarbeiten, daneben aber auch, nach Anordnung des Präsidenten,
in Secretariats- und Büreau-Geschäften Aushülfe zu leisten hat. Den Sitzungen
des Collegiums hat er beizuwohnen, sofern nicht der Präsident in einzelnen Fällen
etwas Anderes bestimmt.

Den Auditoren ist ferner einige Male Gelegenheit zu mündlichen Vertheidigungen
vor dem Appellations-Gerichte, einem Geschwornengerichte oder Kreisgerichte zu geben.
Das Gericht, vor welchem ein Auditor als Vertheidiger aufgetreten ist, hat demselben
darüber, wie er sich dabei gezeigt hat, in jedem einzelnen Falle ein Zeugniß zu den
Personal-Akten des Appellations-Gerichts auszustellen.

Die Zahl der gleichzeitig bei dem Appellations-Gerichte beschäftigten Auditoren
soll der Regel nach sechs nicht übersteigen.

Ueber die während des Cursus bei dem Appellations-Gerichte von dem Auditor
gezeigte Befähigung zu den Geschäften, sowie über seinen Fleiß und sonstiges Verhalten
ist von dem Appellations-Gerichte ein Zeugniß zu den betreffenden Personal-Akten
auszufertigen.

V. Die Beschäftigung der Auditoren und Accessisten nach vollendetem
· Ausbildungs-Cursus betreffend.

§. 24.

Nach Beendigung des vorgeschriebenen Ausbildungs-Cursus (§. 23) werden die
Auditoren bis zu ihrer dereinstigen Anstellung bei denjenigen Justiz- oder Verwaltungs-
Behörden, denen sie vom Ministerium zugewiesen werden, beschäftigt.

Die Bestimmung dieser Behörden wird, soweit das vorhandene Bedürfniß es
gestattet, unter thunlichster Rücksichtnahme auf die eigenen Wünsche des Auditors
erfolgen.

1866.

Insbesondere wird denjenigen Auditoren, welche sich für eine Anstellung im höhern Verwaltungsdienste oder für den sachwalterlichen Beruf weiter auszubilden wünschen, Gelegenheit hierzu durch Beschäftigung bei einer Verwaltungsbehörde, bezüglich durch Beurlaubung auf die Expedition eines Rechtsanwaltes gegeben werden.

§. 25.

Die Bestimmungen des vorigen Paragraphen finden auch nach Maßgabe der vorhandenen Qualification analoge Anwendung auf diejenigen Accessisten, welche ihren zweijährigen Ausbildungs-Cursus (§. 13) vollendet, jedoch die zweite Prüfung nicht bestanden haben.

Oeffentliche Vertheidigungen sind den Accessisten nur ausnahmsweise und unter besonderer Erlaubniß gestattet und ist diese Erlaubniß, soweit in zweiter Instanz an das Appellations-Gericht gelangende oder vor den Geschwornengerichten zu verhandelnde Untersuchungen in Frage stehen, von dem Präsidenten des Appellations-Gerichts und, soweit es sich um Untersuchungen handelt, welche vor den Kreisgerichten in erster oder zweiter Instanz oder vor den Einzelrichtern anhängig sind, von dem Directorium des betreffenden Kreisgerichts zu ertheilen.

§. 26.

Dem Ministerium bleibt vorbehalten, in einzelnen besonders gearteten Fällen Abweichungen von den Vorschriften dieses Regulativs zu gestatten, beziehungsweise anzuordnen.

1866.

№ XXX. Bekanntmachung

der Fürstl. Regierung vom 27. Juni 1866, die Ertheilung eines Privilegiums für Woldemar von Loewis of Menar auf Panten bei Riga auf einen Leinsaat-Riffler betreffend.

Mit Höchster Genehmigung Serenissimi ist dem Woldemar von Loewis of Menar auf Panten bei Riga ein Privilegium auf einen Leinsaat-Riffler in der durch Beschreibung nachgewiesenen Weise auf fünf nach einander folgende Jahre von heute ab für den Umfang des hiesigen Fürstenthums mit der Wirkung ertheilt worden, daß ohne seine Zustimmung Niemand befugt sein soll, dieses von ihm erfundene Instrument herzustellen. Dieses Privilegium ist jedoch alsdann als erloschen zu betrachten, wenn die Anwendung der fraglichen Erfindung in dem hiesigen Fürstenthume nicht binnen Jahresfrist nachgewiesen werden kann.

Auch wird die Neuheit der Erfindung im Sinne der, nach der Bekanntmachung des vormaligen Fürstl. Geheimeraths-Collegiums vom 12. April 1843 bei Ertheilung von Erfindungspatenten in den deutschen Zollvereins-Staaten zu beobachtenden Grundsätze ausdrücklich vorausgesetzt.

Die unterzeichnete Fürstl. Regierung macht solches zur allgemeinen Nachachtung hiermit öffentlich bekannt.

Rudolstadt, den 27. Juni 1866.

Fürstl. Schwarzb. Regierung.

v. Bertrab.

L. K. Bater.

1866.

№ XXXI. Ministerial-Bekanntmachung

vom 2. Juli 1866, die mit der Königlich Preußischen Regierung zu Erfurt getroffene Uebereinkunft wegen gegenseitiger Zulassung der Gewerbetreibenden betreffend.

Nach einer Vereinbarung mit der Königlich Preußischen Regierung zu Erfurt ist zur Erleichterung des gewerblichen Grenzverkehrs den Gewerbetreibenden mit Ausschluß der Bauhandwerker (Maurer und Zimmerleute) und Schornsteinfeger in den Königlich Preußischen landräthlichen Kreisen Erfurt, Ziegenrück, Nordhausen, Langensalza und Weißensee, sowie in den angrenzenden diesseitigen Landestheilen künftig die Ausführung einzelner Handwerksarbeiten auf Bestellung, namentlich auch die Aufstellung und das Anpassen bestellter Gewerbserzeugnisse an dem Wohnorte des Bestellers, ohne Verlegung des Wohnsitzes und ohne vorherige Einholung einer besonderen Erlaubniß bis auf Weiteres gestattet.

Die gedachten Gewerbetreibenden sind jedoch nicht befugt, in den beiderseitigen Staatsgebieten Bestellungen aufzusuchen oder ein Gewerbe im Umherziehen zu betreiben, ohne die für solchen Betrieb nach den allgemeinen Vorschriften erforderliche Erlaubniß der zuständigen Behörden erlangt zu haben.

Hinsichtlich der zu entrichtenden Gewerbesteuern und Communal-Abgaben bewendet es bei den diesfalls bestehenden Vorschriften.

Rudolstadt, den 2. Juli 1866.

Fürstl. Schwarb. Ministerium.

v. Bertrab.

Gesetzsammlung

für das Fürstenthum Schwarzburg-Rudolstadt.

Sechszehntes Stück vom Jahre 1866.

№ XXXII. Bekanntmachung

der Fürstlichen Regierung vom 6. Juli 1866, die Ertheilung eines Privilegiums für Liernur, Krepp und Comp. zu Frankfurt a. M. auf eine pneumatische Methode für Städtereinigung durch geruchlose Entfernung aller festen, flüssigen und gasigen Stoffe aus Water-Closets, Abtritten und deren Röhren, sowie auf einen verbesserten Apparat zur Aufbewahrung, Fortschaffung und Verwendung dieser Stoffe zum Zwecke der Landwirthschaft und Industrie betreffend.

Mit Höchster Genehmigung Serenissimi ist dem ꝛc. Liernur, ꝛc. Krepp und Comp. zu Frankfurt a. M. ein Privilegium auf oben angegebene pneumatische Methode für Städtereinigung ꝛc. in der durch Beschreibung nachgewiesenen Weise auf fünf nach einander folgende Jahre von heute ab für den Umfang des hiesigen Fürstenthums mit der Wirkung ertheilt, daß ohne ihre Zustimmung Niemand befugt sein soll, die zur Anwendung dieses Verfahrens erforderlichen Apparate herzustellen. Dieses Privilegium ist jedoch alsdann als erloschen zu betrachten, wenn die Anwendung der fraglichen Methode ꝛc. in dem hiesigen Fürstenthume nicht binnen Jahresfrist nachgewiesen werden kann. Auch wird die Neuheit der Erfindung im Sinne der nach der Bekanntmachung des vormaligen Fürstlichen Geheimeraths-Collegiums vom 12. April 1843 bei Ertheilung von Erfindungspatenten in den deutschen Zollvereinsstaaten zu beobachtenden Grundsätze ausdrücklich vorausgesetzt.

Fürstl. Schw. Rudolst. Gesetzsamml. XXVII. 21

Ausgegeben in Rudolstadt den 29. August 1866.

1866.

Die unterzeichnete Fürstliche Regierung macht solches zur allgemeinen Nachachtung hiermit öffentlich bekannt.

Rudolstadt, den 6. Juli 1866.

Fürstl. Schwarzb. Regierung.

v. Bertrab.

K. A. Vater.

№ XXXIII. Bekanntmachung

der Fürstl. Regierung vom 26. Juli 1866, die Ertheilung eines Privilegiums für Heinrich Jacoby in Berlin auf ein neues Percussionsschloß für Feuerwaffen jeder Art betreffend.

Mit Höchster Genehmigung Serenissimi ist dem Heinrich Jacoby in Berlin ein Privilegium auf ein neues Percussionsschloß für Feuerwaffen jeder Art in der durch Beschreibung nachgewiesenen Weise auf fünf nach einander folgende Jahre von heute ab für den Umfang des hiesigen Fürstenthums mit der Wirkung ertheilt worden, daß ohne seine Zustimmung Niemand befugt sein soll, dieses von ihm erfundene neue Percussionsschloß herzustellen. Dieses Privilegium ist jedoch alsdann als erloschen zu betrachten, wenn die Anwendung der fraglichen Erfindung in dem hiesigen Fürstenthume nicht binnen Jahresfrist nachgewiesen werden kann. Auch wird die Neuheit der Erfindung im Sinne der nach der Bekanntmachung des vormaligen Fürstl. Geheimeraths-Collegiums vom 12. April 1843 bei Ertheilung von Erfindungspatenten in den deutschen Zollvereins-Staaten zu beobachtenden Grundsätze ausdrücklich vorausgesetzt.

Die unterzeichnete Fürstl. Regierung macht solches zur allgemeinen Nachachtung hiermit öffentlich bekannt.

Rudolstadt, den 26. Juli 1866.

Fürstl. Schwarzb. Regierung.

v. Bertrab.

K. A. Vater.

№. XXXIV. Ministerial-Bekanntmachung

vom 17. August 1866, die Organisation der Bauverwaltung betreffend.

Seine Hochfürstliche Durchlaucht haben unter Aufhebung der zeitherigen Organisation des Bauwesens nachfolgende Bestimmungen über die Bauverwaltung zu treffen beschlossen:

§. 1.

An der Spitze der Bauverwaltung steht der Regierungs- und Baurath, der die Aufsicht über das gesammte Bauwesen zu führen, die öffentlichen Bauanlagen aller Art und namentlich auch die der Kirchen, Schulen und milden Stiftungen, desgleichen die Communications-Anlagen zu überwachen hat und außerdem verpflichtet ist, seine besondere Aufmerksamkeit der Hebung und Förderung des Privatbauwesens, insbesondere des Bauhandwerks, zuzuwenden.

Der Regierungs-Baurath ist technisches Mitglied der Landes-Verwaltungs-Collegien (der Regierung, des Finanzcollegiums, des Consistoriums) und hat als solches die zu dem Ressort dieser Behörden gehörigen Bausachen, insbesondere also die Generalien, Personalien und Etatssachen, die Angelegenheiten, welche die Prüfung der Bauhandwerker, das Maß- und Gewichtswesen betreffen, sowie die Baupolizeisachen zweiter Instanz zu bearbeiten, die Pläne und Anschläge herrschaftlicher Bauten zu revidiren und festzusetzen und die ordnungsmäßige Ausführung der genehmigten Bauten zu überwachen. Hiebei haben die Baubeamten seinen technischen Anordnungen Folge zu leisten.

Der Regierungs-Baurath ist Vorsitzender der Prüfungs-Commission für Feldmesser.

§. 2.

Unter den Landes-Verwaltungs-Collegien stehen die Bezirks-Baubeamten. Dieselben sind ständige Amtsgehülfen des Regierungs-Bauraths und haben die ihnen von diesem ertheilten Aufträge auszuführen. Außerdem haben sie alle innerhalb ihrer Bezirke vorkommenden herrschaftlichen Bauten zu besorgen, als technische Beistände der Verwaltungsämter die ihnen überwiesenen Baupolizeisachen zu bearbeiten und sich auch den im Wege der Oberaufsicht angeordneten Revisionen und Begutachtungen von Communal-, Kirchen-, Pfarr- und Schulbauten zu unterziehen.

1866.

Ein Bezirks-Baubeamter ist Vorsitzender der Prüfungs-Commission für Bau-handwerker.

§. 3.

Wegen des Straßen-, Wasser- und Uferbaues werden besondere Bestimmungen vorbehalten.

Rudolstadt, den 17. August 1866.

Fürstl. Schwarzb. Ministerium.

v. Bertrab.

Gesetzsammlung

für das Fürstenthum Schwarzburg-Rudolstadt.

Siebenzehntes Stück vom Jahre 1866.

№ XXXV. Regulativ

vom 31. August 1866, betreffend die Prüfung und Bestellung der Feldmesser (Geometer) und der Vermessungs = Revisoren.

Mit Höchster Genehmigung **Serenissimi** werden im Betreff der Prüfung und
Bestellung der Feldmesser (Geometer) und der Vermessungs = Revisoren nachfolgende
Bestimmungen erlassen:

§. 1.

Die Prüfung der Candidaten der Feldmeßkunst erfolgt durch eine Commission,
deren Mitglieder das Ministerium auf den Vorschlag der Regierung unter Berücksichti-
gung der Bekanntmachung vom 17. August 1866 §. 1 zu ernennen hat.

§. 2.

Zur Prüfung werden nur solche Personen zugelassen, die sich durch Vorlegung
von Zeugnissen über ihre untadelhafte Führung und den Besitz derjenigen Kenntnisse
ausweisen, durch welche die Reife in der 3. Classe des Gymnasiums für den Uebergang
in die 2. Classe, oder für die Reife in der 1. Classe der hiesigen Realschule bedingt wird.
Außerdem muß der Candidat nachweisen, daß er mindestens ein Jahr lang unter einem
oder mehren öffentlich bestellten Feldmessern practisch gearbeitet und mindestens 500
Morgen selbstständig vermessen und 500 Ruthen selbstständig nivellirt habe. Dabei
sind die benützten Instrumente zu bezeichnen.

Fürstl. Schw. Rudolst. Gesetzsamml. XXVII.   22

Ausgegeben in **Rudolstadt** den 12. September 1866.

1866.

Bei Candidaten, die weder die 1. Classe der hiesigen Realschule, noch die 3. Classe des Gymnasiums bis zum Schluß des Cursus besucht haben, wird in jedem einzelnen Falle durch das Ministerium bestimmt, wie der Nachweis über den Besitz der erforderlichen Kenntnisse geführt werden soll.

Bei Forstdienst-Aspiranten genügt zur Zulassung zum Feldmesser-Examen der Nachweis des Besitzes der durch die regulativmäßige Prüfung erworbenen Qualification zum Forstgehülfen, (vergl. Regulativ vom 31. Januar 1862 §§. 6. 7. 8. 9. — Ges.-Samml. 1862 S. 1—) und der mindestens einjährigen Beschäftigung bei einem Feldmesser in der vorher bestimmten Weise.

§. 3.

Die Meldung zur Prüfung erfolgt bei der Regierung unter Ueberreichung der Zeugnisse und eines von dem Candidaten selbst verfaßten und eigenhändig geschriebenen Lebenslaufes.

Gleichzeitig hat die Einzahlung der Examinationsgebühren zu erfolgen (§. 85 No 10 des Sportelgesetzes vom 4. März 1859).

Nach erfolgter Prüfung und etwaniger Vervollständigung der gemachten Vorlagen wird die Vornahme des Examens vor der Prüfungs-Commission angeordnet.

§. 4.

Die Commission ertheilt dem Candidaten zunächst eine Probearbeit, welche im Copiren oder Reduciren einer Charte besteht.

Sind hierzu passende Charten im Archive nicht vorhanden, so können gestochene Situations-, hydrographische oder topographische (nicht geographische) Charten als Probearbeiten ausgewählt werden, die der Candidat sich selbst zu beschaffen hat.

Bei der Auswahl der Charten ist eine übermäßige Ausdehnung derselben zu vermeiden, wohl aber darauf zu sehen, daß Hügel, Berge, Seen oder Flüsse ꝛc., Waldpartien, Wiesen, Gärten und Oerter vorkommen.

Der Candidat hat die Charte auf Velinpapier, welches vorher auf Leinwand gezogen werden muß, zu zeichnen. Soll, was in der Regel geschehen muß, die Zeichnung colorirt werden, so sind die Gebäude roth, die Gewässer blau, die Wege braun, die Wiesen grün, die Gärten saftgrün und die Holzungen schwärzlich anzulegen.

1866.

§. 5.

Nach erfolgter Ablieferung der Probearbeit nebst Original prüft die Commission zuvörderst die Richtigkeit und Vollständigkeit der Charte und die Sauberkeit und Güte der Zeichnung und registrirt den Befund.

Bei etwaniger Zurückweisung der Arbeit ist dem Candidaten zu eröffnen, welche Ausstellungen sich gefunden haben, und weshalb die Arbeit nicht als probemäßig anerkannt worden sei.

Wird die Probearbeit als genügend befunden, so wird zur eigentlichen Prüfung geschritten.

§. 6.

Bei dieser Prüfung ist folgendes Verfahren zu beobachten.

Zuvörderst hat der Candidat eine nicht große aber zweckmäßig gewählte Abtheilung aus einer Charte unter Aufsicht zu copiren und durch Zeichnungsart und Schrift zu beweisen, daß die Probecharte (§. 5) von ihm allein gezeichnet worden sein könne. Daß dies auch wirklich geschehen sei, darüber wird seine Versicherung an Eidesstatt nur in dem Falle angenommen, daß aus Vergleichung beider Arbeiten kein Zweifel über die Richtigkeit einer solchen Versicherung hervorgeht.

Demnächst wird der Candidat geprüft

1) **in der Arithmetik,** sowohl in der Rechnung mit abstracten Zahlen, als auch mit Maß-, Münz- und Gewichtsorten und Brüchen, in der Decimalrechnung, Ausziehung der Wurzeln, Lehre von den Verhältnissen, Proportionen und Progressionen nebst ihrer Anwendung in der Regeldetri und den damit zusammenhängenden Rechnungen;

2) **in der Algebra,** einschließlich der Auflösung unreiner quadratischer Gleichungen und Uebung im Gebrauche der Logarithmen;

3) **in der ebenen Geometrie** bei Anwendung der darin enthaltenen Sätze, sowohl hinsichtlich ihrer Beweise, als auch der verschiedenen daraus entspringenden Aufgaben;

4) **in der Trigonometrie** mit einiger Kenntniß der sphärischen, nicht nur in den Gründen der Trigonometrie, sondern auch in ihrer Anwendung um mit Hülfe der trigonometrischen Tafeln die Auflösung derjenigen Aufgaben, welche bei Berechnung der Figuren, Bestimmung unbekannter Entfernungen aus gegebenen Seiten und Winkeln ꝛc. vorkommen, zu bewirken;

5) **in der Feldertheilungslehre,** sowohl nach bestimmten Verhältnissen, als auch nach der Bonität der Grundstücke, sowie in Verwandlung der Figuren;

1866.

6) **in der Feldmeßkunst.** Es wird gefordert: Hinlängliche Bekanntschaft mit den beim Feldmessen vorkommenden Maßen und Fertigkeit, solche aus einem in das andere zu verwandeln; gehörige Kenntniß von den Eigenschaften und dem Gebrauche der verschiedenen zum Messen nöthigen Instrumente; genaue Kenntniß des Verfahrens bei dem Vermessen, dem Auftragen und der Berechnung der Figuren und in den bei der Ausführung vorkommenden schwierigen Fällen, sowie bei Anfertigung des Vermessungs- und Bonitirungs-Registers; Kenntniß von der Anwendung dieser allgemeinen Lehren auf die Ausführung größerer Aufnahmen (jedoch innerhalb der Grenzen einiger Quadratmeilen), sowie auf die Vermessung zu verschiedenen Zwecken, als Straßen-, Strom-, Forst- und öconomischen Vermessungen;

7) **in der Nivellirkunst.** Gehörige Kenntniß von den Eigenschaften und dem Gebrauche der Nivellir-Instrumente und genaue Bekanntschaft mit den Lehren des Nivellirens, mit dem practischen Verfahren bei demselben, Führung des Journals und Auftragen des nivellirten Terrains 2c. Die Fertigkeit im Nivelliren ist nicht blos auf einzelne Linien auf der trocknen Oberfläche der Erde zu beschränken, sondern auch auf das Gefälle des Wassers in Strömen, Kanälen und Gräben, und auf die in solchen gewöhnlich befindlichen Stauungs-Anlagen, sowie darauf auszudehnen, wie und nach welchem Maßstabe die Nivellements aufgetragen werden müssen.

Außerdem wird verlangt: Allgemeine Kenntniß der Refraction der Lichtstrahlen, sowie des wahren und des scheinbaren Horizonts.

§. 7.

Der Candidat hat unter Aufsicht eines Beamten die ihm zu ertheilenden Aufgaben aus den vorgedachten Wissenschaften schriftlich zu beantworten.

Hiebei wird immer nur eine Aufgabe ertheilt und zur Lösung derselben eine angemessene Frist festgesetzt, nach deren Ablauf eine andere Aufgabe folgt, wenn die vorhergegangene auch nicht, oder nicht vollständig gelöst worden sein sollte.

Die schriftliche Prüfung, welche der mündlichen vorangeht, ist nicht zu weit auszudehnen; es werden vielmehr in der Regel etwa zwanzig Fragen und Aufgaben ausreichen. Diese hat der Candidat in drei Tagen zu beantworten.

Zur mündlichen Prüfung wird ein Tag bestimmt.

Die Mitglieder der Commission sind verpflichtet, während der schriftlichen Prüfung sich öfter davon zu überzeugen, daß mit Ernst und ordnungsmäßig verfahren

werde, und darauf zu sehen, daß der Candidat sich keiner Hülfsmittel an Büchern, Heften und dergleichen zur Beantwortung der Frage bediene.

§. 8.

Die Commission prüft die schriftlichen Arbeiten des Candidaten und fällt ihr Urtheil, nach vorheriger Berathung über den Ausfall des Examens überhaupt, in jeder Wissenschaft. Hiebei sind folgende Prädicate zu ertheilen und allein zulässig:

1) über die bei der schriftlichen und mündlichen Prüfung entwickelten Kenntnisse in jedem einzelnen Zweige:

    a) zulänglich,
    b) ziemlich gut,
    c) gut,
    d) recht gut,
    e) vorzüglich;

2) über die Qualification des Candidaten zum Feldmesser im Allgemeinen:

    a) zulänglich,
    b) gehörig,
    c) völlig, und
    d) vorzüglich.

Bei Beurtheilung der Probecharte wird bemerkt, ob sie richtig und dabei wenigstens

    a) mittelmäßig,
    b) ziemlich gut,
    c) gut, oder
    d) schön gezeichnet worden sei.

§. 9.

Die schriftlichen Ausarbeitungen muß der Candidat mit seinem Vor- und Zunamen unterschreiben und das Datum beifügen. Außerdem wird von dem Aufsichtsbeamten bescheinigt, daß die Beantwortung in seiner Gegenwart und ohne Hülfsmittel geschehen sei.

§. 10.

Die Commission legt die Ergebnisse der Prüfung, die Probearbeiten und die Prüfungs-Protocolle mit ihren Anträgen der Regierung vor. Findet diese, daß der Candidat nach dem Ausfall der Prüfung zur Ausübung der Feldmeßkunst qualificirt ist, so stellt sie hierüber ein Zeugniß aus, ertheilt dem Candidaten auch, nach erfolgter Verpflichtung, eine förmliche Bestallungs-Urkunde.

1866.

Hat der Candidat die Prüfung ungenügend bestanden, so setzt die Regierung die Zeit fest, nach deren Ablaufe die Prüfung wiederholt werden darf.

§. 11.

Die von der Regierung verpflichteten und förmlich bestellten Feldmesser haben die ihnen übertragenen Arbeiten mit größter Gewissenhaftigkeit und Sorgfalt auszuführen. Sie bekleiden eine öffentliche Function und unterstehen somit den Artikeln 307 ff. des Strafgesetzbuchs. Disciplinarbehörde ist die Regierung nach Maßgabe des Gesetzes vom 10. Mai 1858 (G.=S. 1858 S. 119 ff.).

Die Regierung ist verpflichtet, die ganze Geschäftsführung der Feldmesser zu überwachen, auch die Arbeiten derselben von Amtswegen an Ort und Stelle revidiren zu lassen. Finden sich dabei erhebliche Fehler, so hat der betreffende Feldmesser die durch die Revision und durch die Verbesserung oder neue Anfertigung der fehlerhaften Arbeiten entstehenden Kosten zu tragen.

Liefert ein Feldmesser wiederholt unrichtige oder sonst unbrauchbare Arbeiten ab, oder läßt er sich sonst wiederholte oder grobe Pflichtwidrigkeiten zu Schulden kommen, so kann ihm auf Antrag der Regierung durch Beschluß des Ministeriums seine Bestallung entzogen werden.

§. 12.

Die Vermessungs-Revisoren werden auf den Vorschlag der Regierung von dem Ministerio bestellt. Sie werden aus der Zahl der bewährtesten Feldmesser ausgewählt, und es ist bei der Auswahl sowohl auf die längere practische Uebung der Feldmeßkunst und den dadurch erreichten höheren Grad der Fertigkeit und Tüchtigkeit, wie auf tadelfreie Führung Rücksicht zu nehmen.

Die Vermessungs-Revisoren werden besonders dazu verwendet, die Richtigkeit der geometrischen Arbeiten anderer Feldmesser zu prüfen, Gutachten über Gegenstände ihrer Wissenschaft abzugeben und besonders schwierige geometrische Arbeiten auszuführen.

Rudolstadt, den 31. August 1866.

Fürstl. Schwarzb. Ministerium.

v. Bertrab.

Gesetzsammlung

für das Fürstenthum Schwarzburg-Rudolstadt.

Achtzehntes Stück vom Jahre 1866.

№. **XXXVI. Ministerial-Bekanntmachung**
vom 21. August 1866, die Verhütung der Weiterverbreitung ansteckender
epidemischer Krankheiten betr.

Mit Höchster Genehmigung **Serenissimi** werden hierdurch Maßregeln zur
öffentlichen Kenntniß gebracht, welche künftig zur Anwendung kommen sollen, um die
Weiterverbreitung ansteckender epidemischer Krankheiten möglichst zu verhüten:

1) Jeder Arzt, welcher Pocken-, Barioloiden-, Cholera-, Typhus-, Scharlach-,
Masern-Kranke in Behandlung bekommt, ist verpflichtet, die Angehörigen des
Kranken über die Natur der Krankheit zu belehren und sofort bei dem Physikus und
dem Ortsvorstande Anzeige zu machen.

2) Sobald der Ausbruch der Pocken oder Barioloiden an einem Orte durch
erlangte eigene Ueberzeugung des betreffenden Physikus constatirt ist, hat derselbe
darauf zu achten, daß alle nicht oder noch nicht mit genügendem Erfolge geimpften
Kinder des Orts, vorausgesetzt, daß ein ärztliches Bedenken nicht entgegensteht, binnen
kürzester Frist geimpft werden. Gleichzeitig ist auch die Wiederholung der Impfung
allen denen dringend anzuempfehlen, welche vor länger als 10 bis 15 Jahren die
Kuhpocken bestanden haben.

3) Ferner hat der Physikus durch Vermittelung des Gemeindevorstandes beim
Ausbruch epidemischer Krankheiten nach Bedürfniß anzuordnen, daß eine Tafel,
auf welcher der Name der Krankheit deutlich geschrieben steht, an die äußere Seite
des Hauses, in welchem sich Kranke befinden, befestigt werde (Pocken-, Cholera- ꝛc.

Fürstl. Schw. Rudolst. Gesetzsamml. XXVII.   23

Ausgegeben in **Rudolstadt** den 6. October 1866.

Kranke), und daß die in einem solchen Hause wohnenden Schulkinder den Besuch der Schule einstellen.

Diese Vorschriften sind je nach ärztlicher Beurtheilung des betreffenden Falles auf 4 bis 6 Wochen, vom ersten Ausbruch der Krankheit an gerechnet, auszudehnen.

4) Nach Beendigung der Krankheit ist anzuordnen, daß die Leib- und Bettwäsche, welche währenddem in Gebrauch war, sofort in scharfer Lauge geweicht, gewaschen und durchlüftet wird. Ebenso ist das Haus gründlich zu reinigen und wiederholt zu durchlüften, in schlimmeren Fällen aber mittels Chlorgases zu desinficiren.

Rudolstadt, den 21. August 1866.

Fürstl. Schwarzb. Ministerium.

v. Bertrab.

№. XXXVII. Instruction

der Fürstl. Regierung vom 12. September 1866, die Aufstellung von Locomobilen betr.

Da neuerdings mehrfach Locomobilen in Thätigkeit gesetzt sind, so wird im Anschluß an die Verordnung vom 9. Februar d. J. (Gesetz-Samml. S. 28) folgende **Instruction** über die bei Aufstellung derartiger Maschinen zu beobachtenden Sicherheitsmaßregeln ertheilt.

§. 1.

Locomobilen, welche unter freiem Himmel arbeiten, müssen von feuersicher gedeckten Gebäuden mindestens 50 Fuß, von nicht feuersicher gedeckten Gebäuden oder anderen leicht feuerfangenden Gegenständen aber mindestens 100 Fuß entfernt aufgestellt werden.

§. 2.

Innerhalb von Stallungen, Scheunen und dergleichen Gebäuden dürfen Locomobilkessel nicht geheizt werden.

1866.

§. 3.

Die Ortspolizeibehörden sind verpflichtet, sorgfältig darüber zu wachen, daß bei Aufstellung geheizter Locomobilen im Allgemeinen Feuersgefahr vermieden wird. Es darf z. B. in der Nähe der Locomobile kein Stroh oder anderes leicht feuerfangendes Material lagern, es dürfen dem Locomobilschornsteine keine brennenden oder glimmenden Theile entfliegen.

Auch können sonstige Sicherheitsmaßregeln z. B. Aufstellung von genügend großen Kübeln mit Wasser neben der Locomobile angeordnet werden.

Rudolstadt, den 12. September 1866.

Fürstl. Schwarzb. Regierung.

v. Bertrab.

R. A. Vater.

№ XXXVIII. Bekanntmachung

der Fürstlichen Regierung vom 29. September 1866, die Ertheilung eines Privilegiums für Jaroslaw Zadora Paszkowsky und Olgerd Sabinsky in Paris auf ein verbessertes Verfahren der Fabrikation von luftführendem Beleuchtungsgase.

Mit höchster Genehmigung Serenissimi ist dem Jaroslaw Zadora Paszkowsky und Olgerd Sabinsky in Paris ein Privilegium auf ein verbessertes Verfahren der Fabrikation von luftführendem Beleuchtungsgase in der durch Beschreibung nachgewiesenen Weise auf fünf nach einander folgende Jahre von heute ab für den Umfang des hiesigen Fürstenthums mit der Wirkung ertheilt worden, daß ohne ihre Zustimmung Niemand befugt sein soll, den erfundenen Apparat herzustellen.

Dieses Privilegium ist jedoch alsdann als erloschen zu betrachten, wenn die Anwendung der fraglichen Erfindung in dem hiesigen Fürstenthume nicht binnen Jahres-

frist nachgewiesen werden kann. Auch wird die Neuheit der Erfindung im Sinne der, nach der Bekanntmachung des vormaligen Fürstlichen Geheimeraths-Collegiums vom 12. April 1843 bei Ertheilung von Erfindungspatenten in den deutschen Zollvereins-Staaten zu beobachtenden Grundsätze ausdrücklich vorausgesetzt.

Die unterzeichnete Fürstliche Regierung macht solches zur allgemeinen Nachachtung hiermit öffentlich bekannt.

Rudolstadt, den 29. September 1866.

Fürstl. Schwarzb. Regierung.

v. Bertrab.

R. A. Bater.

Gesetzsammlung

für das Fürstenthum Schwarzburg-Rudolstadt.

Neunzehntes Stück vom Jahre 1866.

№ XXXIX. Bekanntmachung,

der Fürstl. Regierung vom 4. October 1866, betr. die Ertheilung eines Zusatz-Patents zu dem Privilegium des Fabrikanten Julius Brönner in Frankfurt a. M. vom 11. April 1866 auf die Herstellung eines verbesserten Gasbrenners.

Mit Höchster Genehmigung Serenissimi ist dem Fabrikanten Julius Brönner in Frankfurt a. M. ein Privilegium auf die von ihm erfundene weitere Verbesserung an Gasbrennern in der durch Beschreibung nachgewiesenen Weise mit dem Beifügen ertheilt worden, daß die Bestimmungen des demselben unterm 11. April d. J. ausgefertigten Patentes (Ges.-Samml. 1866 S. 57) auch auf diesen Nachtrag Anwendung zu erleiden haben.

Die unterzeichnete Fürstliche Regierung macht solches zur allgemeinen Nachachtung hiermit öffentlich bekannt.

Rudolstadt, den 4. October 1866.

Fürstl. Schwarzb. Regierung.

v. Bertrab.

K. A. Vater.

---

1 8 6 6.

№. LX. Ministerial-Bekanntmachung
vom 23. November 1866,
den Bündnißvertrag mit Preußen betreffend.

Nachstehender, wörtlich also lautender Bündnißvertrag zwischen Preußen, Sachsen-Weimar, Oldenburg, Braunschweig, Sachsen-Altenburg, Sachsen-Coburg-Gotha, Anhalt, Schwarzburg-Rudolstadt, Schwarzburg-Sondershausen, Waldeck, Reuß j. L., Schaumburg-Lippe, Lippe, Lübeck, Bremen und Hamburg:

Um der auf Grundlage der preußischen identischen Noten vom 16. Juni 1866 ins Leben getretenen Bundesgenossenschaft zwischen Preußen, Mecklenburg-Schwerin, Sachsen-Weimar, Mecklenburg-Strelitz, Oldenburg, Braunschweig, Sachsen-Altenburg, Sachsen-Coburg-Gotha, Anhalt, Schwarzburg-Sondershausen, Schwarzburg-Rudolstadt, Waldeck, Reuß jüngerer Linie, Schaumburg-Lippe, Lippe, Lübeck, Bremen und Hamburg einen vertragsmäßigen Ausdruck zu geben, haben die verbündeten Staaten den Abschluß eines Bündnißvertrages beschlossen und zu diesem Zwecke mit Vollmacht versehen:

Se. Majestät der König von Preußen:
Seinen Minister-Präsidenten und Minister der auswärtigen Angelegenheiten, Grafen Otto von Bismarck-Schönhausen, Ritter des Schwarzen Adler-Ordens u. s. w.;

Se. Königliche Hoheit der Großherzog von Sachsen:
Seinen außerordentlichen Gesandten und bevollmächtigten Minister am Königlich preußischen Hofe Grafen von Beust, Ritter des Königlich preußischen Rothen Adler-Ordens 1. Klasse, Großkreuz des Großherzoglich sächsischen Falken- und des Herzoglich sachsen-ernestinischen Haus-Ordens, sowie des Herzoglich anhaltischen Haus-Ordens Albrechts des Bären;

Se. Königliche Hoheit der Großherzog von Oldenburg:
Seinen Kammerherrn Peter Friedrich Ludwig von Rössing, Minister des Großherzoglichen Hauses und der auswärtigen Angelegenheiten, Vorsitzenden des Staatsministeriums, Inhaber des Großkreuzes vom Großherzoglich oldenburgischen Haus- und Verdienst-Orden des Herzogs Peter Friedrich Ludwig, Ritter des Königlich preußischen Rothen Adler-Ordens 1. Klasse u. s. w.;

Se. Hoheit der Herzog von Braunschweig, Lüneburg und Oels:

Seinen Geheimen Legationsrath und Minister-Residenten am Königlich preußischen Hofe, Freiherrn Friedrich von Löhneysen, Komthur 2. Klasse des Herzoglich braunschweigischen Ordens Heinrichs des Löwen, Ehren-Groß-Komthur des Großherzoglich oldenburgischen Haus- und Verdienst-Ordens Herzogs Peter Friedrich Ludwig;

Se. Hoheit der Herzog von Sachsen-Altenburg:

den Großherzoglich sächsischen außerordentlichen Gesandten und bevollmächtigten Minister am Königlich preußischen Hofe, Grafen von Beust, Herzoglich sächsischen Wirklichen Geheimen Rath und Minister-Residenten an demselben Hofe, Ritter des Königlich preußischen Rothen Adler-Ordens 1. Klasse u. s. w.

Se. Hoheit der Herzog von Sachsen-Coburg-Gotha:

Seinen Wirklichen Geheimen Rath und Staatsminister, Doctor der Rechte, Camillo Richard Freiherrn von Seebach, Ritter des Königlich preußischen Kronen-Ordens und des Rothen Adler-Ordens 1. Klasse, Großkreuz des Herzoglich sachsen-ernestinischen Haus-Ordens, des Großherzoglich sächsischen Falken-Ordens u. s. w.;

Se. Hoheit der Herzog von Anhalt:

den Großherzoglich sächsischen außerordentlichen Gesandten und bevollmächtigten Minister am Königlich preußischen Hofe, Grafen von Beust, Herzoglich anhaltischen Minister-Residenten an demselben Hofe, Ritter des Königlich preußischen Rothen Adler-Ordens 1. Klasse u. s. w.;

Se. Durchlaucht der Fürst von Schwarzburg-Rudolstadt:

den Großherzoglich sächsischen außerordentlichen Gesandten und bevollmächtigten Minister am Königlich preußischen Hofe, Grafen v. Beust, Fürstlich schwarzburgischen Minister-Residenten an demselben Hofe, Ritter des Königlich preußischen Rothen Adler-Ordens 1. Klasse u. s. w.;

Se. Durchlaucht der Fürst von Schwarzburg-Sondershausen:

den Großherzoglich sächsischen außerordentlichen Gesandten und bevollmächtigten Minister am Königlich preußischen Hofe, Grafen v. Beust, Fürstlich schwarzburgischen Minister-Residenten an demselben Hofe, Ritter des Königlich preußischen Rothen Adler-Ordens 1. Klasse u. s. w.;

24*

1866.

Se. Durchlaucht der Fürst zu Waldeck und Pyrmont:

Seinen Regierungsrath, Dirigenten der Abtheilungen des Innern und für Militairsachen, Ludwig Klapp, Ritter des Königlich preußischen Kronen-Ordens 3. Klasse;

Se. Durchlaucht der Fürst Reuß jüngerer Linie:

. den Großherzoglich sächsischen außerordentlichen Gesandten und bevollmächtigten Minister am Königlich preußischen Hofe, Grafen v. Beust, Fürstlich reußischen Minister-Residenten an demselben Hofe, Ritter des Königlich preußischen Rothen Adler-Ordens 1. Klasse u. s. w.;

Se. Durchlaucht der Fürst zu Schaumburg-Lippe:

Seinen Präsidenten der Landes-Regierung, Rudolph Eduard Friedrich Wilhelm Freiherrn von Lauer-Münchhofen, Ritter des Königlich preußischen Kronen-Ordens 2. Klasse, des Rothen Adler-Ordens 4. Klasse, Inhaber der Kriegsdenkmünze für die Feldzüge von 1813—14 und der Erinnerungs-Denkmünze von 1863;

Se. Durchlaucht der Fürst zur Lippe:

Seinen Cabinets-Minister Alexander von Oheimb, Ritter des Königlich preußischen Kronen-Ordens 2. Klasse mit Stern, des Johanniter-Ordens, des schwarzburgischen Ehrenkreuzes 1. Klasse;

der Senat der freien und Hansestadt Lübeck:

den hanseatischen Minister-Residenten am Königlich preußischen Hofe, Doctor der Rechte, Friedrich Heinrich Geffcken, Großkreuz des Königlich belgischen Leopold-Ordens, Ritter des Königlich preußischen Kronen-Ordens 2. Klasse mit Stern, Groß-Comthur des Kaiserlich türkischen Medjidje-Ordens, sowie des Großherzoglich oldenburgischen Haus- und Verdienst-Ordens;

der Senat der freien und Hansestadt Bremen:

den hanseatischen Minister-Residenten am Königlich preußischen Hofe, Doctor der Rechte, Friedrich Heinrich Geffcken, Großkreuz des Königlich belgischen Leopold-Ordens, Ritter des Königlich preußischen Kronen-Ordens 2. Classe mit Stern, Großkomthur des Kaiserlich türkischen Medjidje-Ordens, sowie des Großherzoglich Oldenburgischen Haus- und Verdienst-Ordens, und

der Senat der freien und Hansestadt Hamburg:

den hanseatischen Minister-Residenten am Königlich preußischen Hofe, Doctor der

1866.

Rechte, **Friedrich Heinrich Geffcken**, Großkreuz des Königlich belgischen Leopold-Ordens, Ritter des Königlich preußischen Kronen-Ordens 2. Klasse mit Stern, Großkomthur des Kaiserlich türkischen Medjidje-Ordens, sowie des Großherzoglich oldenburgischen Haus- und Verdienst-Ordens,

welche, nachdem sie ihre Vollmachten ausgetauscht und in guter und richtiger Form befunden haben, über nachstehende Artikel übereingekommen sind.

Artikel 1.

Die Regierungen von Preußen, Sachsen-Weimar, Oldenburg, Braunschweig, Sachsen-Altenburg, Sachsen-Coburg-Gotha, Anhalt, Schwarzburg-Sondershausen, Schwarzburg-Rudolstadt, Waldeck, Reuß jüngerer Linie, Schaumburg-Lippe, Lippe, Lübeck, Bremen und Hamburg schließen ein Offensiv- und Defensiv-Bündniß zur Erhaltung der Unabhängigkeit und Integrität, so wie der inneren und äußeren Sicherheit ihrer Staaten, und treten sofort zur gemeinschaftlichen Vertheidigung ihres Besitzstandes ein, welchen sie sich gegenseitig durch dieses Bündniß garantiren.

Artikel 2.

Die Zwecke des Bündnisses sollen definitiv durch eine Bundesverfassung auf der Basis der preußischen Grundzüge vom 10. Juni 1866 sichergestellt werden, unter Mitwirkung eines gemeinschaftlich zu berufenden Parlaments.

Artikel 3.

Alle zwischen den Verbündeten bestehenden Verträge und Uebereinkünfte bleiben in Kraft, soweit sie nicht durch gegenwärtiges Bündniß ausdrücklich modifizirt werden.

Artikel 4.

Die Truppen der Verbündeten stehen unter dem Oberbefehl Seiner Majestät des Königs von Preußen.

Die Leistungen während des Krieges werden durch besondere Verabredungen geregelt.

Artikel 5.

Die verbündeten Regierungen werden gleichzeitig [mit Preußen die auf Grund des Reichswahlgesetzes vom 12. April 1849 vorzunehmenden Wahlen der Abgeordneten zum Parlament anordnen und Letzteres gemeinschaftlich mit Preußen einberufen. Zugleich werden sie Bevollmächtigte nach Berlin senden, um nach Maßgabe der Grund-

1866.

züge vom 10. Juni d. J. den Bundesverfassungs-Entwurf festzustellen, welcher dem Parlament zur Berathung und Vereinbarung vorgelegt werden soll.

Artikel 6.

Die Dauer des Bündnisses ist bis zum Abschluß des neuen Bundesverhältnisses, eventuell auf ein Jahr festgesetzt, wenn der neue Bund nicht vor Ablauf eines Jahres geschlossen sein sollte.

Artikel 7.

Der vorstehende Bündnißvertrag soll ratifizirt und die Ratifications-Urkunden sobald als möglich, spätestens aber innerhalb dreier Wochen, vom Datum des Abschlusses an, in Berlin ausgewechselt werden.

Zur Urkund dessen haben sämmtliche Bevollmächtigte den gegenwärtigen Bündnißvertrag unterzeichnet und untersiegelt.

So geschehen Berlin, den 18. August 1866.

(L. S.) Gr. v. Bismarck.   (L. S.) Gr. v. Beust.
(L. S.) v. Rössing.   (L. S.) F. v. Löhneysen.
(L. S.) v. Seebach.   (L. S.) L. Klapp.
(L. S.) v. Lauer.   (L. S.) v. Oheimb.
                  (L. S) Geffcken.

wird nach geschehener Ratification und am 8. September d. J. erfolgter Auswechselung der Ratifications-Urkunden mit dem Bemerken andurch publicirt, daß auch die Großherzogthümer Mecklenburg-Schwerin und Mecklenburg-Strelitz, das Herzogthum Sachsen-Meiningen, das Fürstenthum Reuß ä. L. und das Königreich Sachsen dem Bündnißvertrage beigetreten sind.

Rudolstadt, den 23. November 1866.

Fürstl. Schwarzb. Ministerium.

v. Bertrab.

1866.

№. XLI. Gesetz,
die Wahlen für den Reichstag des norddeutschen Bundes betreffend,
vom 30. November 1866.

Wir Friedrich Günther, von Gottes Gnaden, Fürst zu Schwarzburg ꝛc. verordnen auf Antrag Unseres Ministeriums und mit vorher ertheilter Zustimmung Unseres getreuen Landtags in Bezug auf die Wahl des in Unseren Landen zu wählenden Abgeordneten für den zur Berathung der Verfassung und der Einrichtungen des norddeutschen Bundes einzuberufenden Reichstag, was folgt:

§. 1.
Wähler ist jeder unbescholtene Staatsbürger eines der zum Bunde zusammentretenden deutschen Staaten, welcher das 25. Lebensjahr zurückgelegt hat.

§. 2.
Von der Berechtigung zum Wählen sind ausgeschlossen:
1) Personen, welche unter Vormundschaft oder Curatel stehen;
2) Personen, über deren Vermögen Concurs gerichtlich eröffnet worden ist, und zwar während der Dauer dieses Concursverfahrens;
3) Personen, welche eine Armenunterstützung aus öffentlichen oder Gemeinde-Mitteln beziehen oder im letzten der Wahl vorhergegangenen Jahre bezogen haben.

§. 3.
Als bescholten, also von der Berechtigung zum Wählen ausgeschlossen, sollen angesehen werden: Personen, denen durch rechtskräftiges Erkenntniß der Vollgenuß der staatsbürgerlichen Rechte entzogen ist, sofern sie in diese Rechte nicht wieder eingesetzt worden sind.

§. 4.
Wählbar zum Abgeordneten ist jeder Wahlberechtigte, der einem zum Bunde gehörigen Staate seit mindestens drei Jahren angehört hat.

Verbüßte oder durch Begnadigung erlassene Strafen wegen politischer Verbrechen schließen von der Wahl nicht aus.

§. 5.
Personen, die ein öffentliches Amt bekleiden, bedürfen zum Eintritt in den Reichstag keines Urlaubes.

1866.

§. 6.

Das ganze Land bildet nur einen Wahlkreis, der zum Zweck des Stimmabgebens in kleinere Bezirke eingetheilt wird.

§. 7.

Wer das Wahlrecht in einem Wahlbezirke ausüben will, muß in demselben zur Zeit der Wahl seinen Wohnsitz haben.

Jeder darf nur an einem Orte wählen.

§. 8.

In jedem Wahlbezirke sind zum Zwecke der Wahlen Listen anzulegen, in welche die zum Wählen Berechtigten nach Zu- und Vornamen, Alter, Gewerbe und Wohnort eingetragen werden. Diese Listen sind spätestens vier Wochen vor dem zur ordentlichen Wahl bestimmten Tage zu Jedermanns Einsicht auszulegen und ist dies durch den betreffenden Gemeindevorstand in ortsüblicher Weise öffentlich bekannt zu machen. Einsprachen gegen die Listen sind binnen acht Tagen nach öffentlicher Bekanntmachung bei der Behörde, welche die Bekanntmachung erlassen hat, anzubringen, und innerhalb der nächsten vierzehn Tage durch das vorgesetzte Verwaltungsamt zu erledigen, worauf die Listen geschlossen werden. Nur diejenigen sind zur Theilnahme an der Wahl berechtigt, welche in die Listen aufgenommen sind.

§. 9.

Die Wahlhandlung ist öffentlich; bei derselben sind Gemeindemitglieder zuzuziehen, welche kein Staatsamt bekleiden.

Das Wahlrecht wird in Person durch verdeckte, in eine Wahlurne niederzulegende Stimmzettel ohne Unterschrift ausgeübt.

§. 10.

Die Wahl ist direct. Sie erfolgt durch absolute Stimmenmehrheit aller abgegebenen Stimmen. Stellt sich eine absolute Stimmenmehrheit nicht heraus, so ist nur unter den zwei Candidaten zu wählen, welche die meisten Stimmen erhalten haben.

Bei Stimmengleichheit entscheidet das Loos.

§. 11.

Ein Stellvertreter des Abgeordneten ist nicht zu wählen.

§. 12.

Die Wahlen sind im ganzen Lande zu derselben Zeit vorzunehmen.

1 8 6 6.

§. 13.

Die Wahlbezirke, die Wahldirectoren und das Wahlverfahren werden, insoweit dieses nicht durch das gegenwärtige Gesetz bereits festgestellt worden, von der Staats-Regierung bestimmt.

§. 14.

Der Reichstag prüft die Vollmachten seiner Mitglieder und entscheidet über deren Zulassung.

Er regelt seine Geschäftsordnung und Disciplin.

§. 15.

Kein Mitglied des Reichstages darf zu irgend einer Zeit wegen seiner Abstimmung oder wegen der in Ausübung seines Berufes gethanen Aeußerungen gerichtlich oder disciplinarisch verfolgt oder sonst außerhalb der Versammlung zur Verantwortung gezogen werden.

Urkundlich unter Unserer eigenhändigen Unterschrift und beigedrucktem Fürstlichen Insiegel.

So geschehen

Rudolstadt, den 30. November 1866.

(L S.) **Friedrich Günther, F. z. S.**

v. Bertrab.   v. Ketelhodt.   v. Bamberg.

———————————

1866.

№ XLII. Ausführungs-Verordnung
zum Reichstagswahlgesetze vom 30. November 1866.

Auf Grund des §. 13 des Reichstagswahlgesetzes vom heutigen Tage wird mit höchster Genehmigung des Durchlauchtigsten Fürsten in Bezug auf die Wahlbezirke, die Wahldirektoren und das Wahlverfahren verordnet, was folgt:

§. 1.

Regelmäßig bildet jede Gemeinde des Landes einen besonderen Wahlbezirk. Guts-bezirke und Einzelungen, die mit Gemeinden noch nicht vereinigt sind, werden zum Zweck der Vornahme der Wahlen durch das betreffende Verwaltungsamt zu den ihnen zunächst belegenen Gemeinden geschlagen.

Gemeinden, welche nur 25 oder weniger Wahlberechtigte umfassen, werden von dem betreffenden Verwaltungsamte mit einer oder mehreren angrenzenden Gemeinden zu einem Wahlbezirke vereinigt.

In Wahlbezirken von über 150 Wahlberechtigten kann die Wahl in Abtheilungen vorgenommen werden, welche der Gemeindevorstand zu bestimmen hat.

§. 2.

Unmittelbar nach dem Erscheinen dieser Verordnung sind die im §. 8 des Gesetzes näher bezeichneten Wählerlisten aufzustellen und spätestens am 17. December d. J. öffentlich auszulegen.

§. 3.

Die Wahl wird in den einzelnen Wahlbezirken durch die Gemeindevorstände als Wahldirektoren geleitet. Gehören verschiedene Gemeinden zu einem Wahlbezirke, so fungirt der Gemeindevorstand der größten Gemeinde als Wahldirektor.

§. 4.

Die Wahlhandlung beginnt damit, daß der Wahldirektor einen Protokollführer und einen oder mehrere Stimmzähler aus den erschienenen Wählern, welche kein Staats-amt bekleiden, ernennt und mittels Handschlags verpflichtet.

Die erschienenen Wähler werden, sobald sie die Stimmzettel abgeben, in der Liste der Wahlberechtigten als anwesend bezeichnet.

Nach Beendigung der Stimmabgabe werden die Namen Derjenigen, welche Wahl-stimmen erhalten haben, mit Angabe der Zahl der auf sie gefallenen Stimmen in dem

1 8 6 6.

Wahlprotokolle verzeichnet. Dieses Protokoll ist von dem Wahldirektor, dem Protokoll-führer und den Stimmzählern zu unterzeichnen, mittels des Gemeindesiegels zu beglaubigen und sofort nach beendigtem Wahlakte unter Beifügung der Wählerlisten an das Verwaltungsamt einzusenden. Dieses hat die Wahlprotokolle nebst Anlagen aus dem ganzen Amtsbezirke unverzüglich an die Regierung einzuschicken.

§. 5.

Sobald die Wahlprotokolle aus sämmtlichen Wahlbezirken bei der Fürstlichen Regierung eingegangen sind, wird das Gesammtresultat der Wahl durch einen von dem Regierungspräsidio zu ernennenden Commissar unter Zuziehung zweier von dem Stadt-rathscollegio der Residenz Rudolstadt zu diesem Zweck zu wählenden Stadtrathsmit-glieder, welche kein Staatsamt bekleiden, und eines Protokollführers zusammengestellt. Es werden hiebei die Namen Derjenigen verzeichnet welche Wahlstimmen erhalten haben, und neben den Namen wird die Zahl der auf dieselben gefallenen Stimmen notirt. Hat sich auf Niemanden eine Mehrheit aller Stimmen aus dem ganzen Lande vereinigt, so ist von der Fürstl. Regierung unverzüglich eine engere Wahl unter den-jenigen zwei Wahlcandidaten, welche bei der ersten Wahl die meisten Stimmen erhalten haben, anzuordnen. Die hierbei auf andere Personen gefallenen Stimmen werden nicht mitgezählt.

§. 6.

Der Tag der vorzunehmenden Wahl wird später bestimmt und durch die Gesetz-sammlung, sowie durch das Rudolstädter Wochenblatt und das Frankenhäuser Intel-ligenzblatt bekannt gemacht werden. Die Vorladung zu dem Wahlacte erfolgt durch die Gemeindevorstände in ortsüblicher Weise.

Rudolstadt, den 30. November 1866.

Fürstl. Schwarzb. Ministerium.
v. Bertrab.

Gesetzsammlung
für das Fürstenthum Schwarzburg-Rudolstadt.

Zwanzigstes Stück vom Jahre 1866.

№ XLIII. Ministerial-Bekanntmachung

vom 4. December 1866, die den zollvereinsländischen Handelsreisenden in Frankreich, Belgien und den Niederlanden ertheilte Befugniß zur Mitführung aufgekaufter Waaren betreffend.

Unter Bezugnahme auf Artikel 24 alinea 2 des Handels- und Schifffahrts-Vertrages mit den Niederlanden vom 31. December 1851 (Ges.-Samml. 1852, S. 71), §. 1 lit. b und Beilage C. der Ministerial-Bekanntmachung vom 16. März 1855, die Uebereinkunft mit Belgien wegen der Handelsreisenden betreffend (Ges.-Samml. 1855, S. 62 und 65), sowie Artikel 26 des Handelsvertrages mit Frankreich vom 2. August 1862 und Ziffer I. C. nebst Beilage II. des Schlußprotokolles dazu von demselben Tage (Ges.-Samml. 1865, S. 90, 155 und 159) wird hierdurch zur öffentlichen Kenntniß gebracht, daß in den Niederlanden, in Belgien und in Frankreich den Handelsreisenden aus dem Zollvereine die Befugniß ertheilt worden ist, aufgekaufte Waaren behufs deren Beförderung nach dem Bestimmungsorte mit sich zu führen.

Rudolstadt, den 4. December 1866.

Fürstl. Schwarzb. Ministerium.
v. Bertrab.

1866.

№ XLIV. Ministerial=Bekanntmachung

vom 12. December 1866, die Ertheilung von Gewerbe = Legitimations = Karten
für Handelsreisende betr.

Unter Bezugnahme auf die Bekanntmachung vom 8. Januar 1864 (Ges. S. 1864
S. 15) wird hiermit zur öffentlichen Kenntniß gebracht, daß nach einer Mittheilung
des Königlich Preußischen Finanz=Ministeriums die zollvereinsländischen Handelsrei=
senden, welchen von den hierzu befugten Behörden Gewerbe-Legitimationskarten zum
Aufsuchen von Waarenbestellungen oder zu Waarenankäufen für Rechnung meh=
rerer Häuser nach Maßgabe des beigedruckten Formulars unter A. ertheilt worden
sind, vom 1. Januar 1867 ab im ganzen Umfange der Preußischen Monarchie
abgabenfrei zugelassen werden.

In Folge dessen sollen auch die von Preußischen Behörden für dortige Angehörige
nach dem gedachten Muster ausgefertigten Gewerbe=Legitimationskarten zur Geschäfts=
besorgung für mehrere Handlungs= (Fabrik=) Häuser in dem hiesigen Fürstenthume
als gültige Legitimation zu dem darin bezeichneten Zwecke vom 1. Januar 1867 ab
anerkannt werden.

Rudolstadt, den 12. December 1866.

Fürstl. Schwarzb. Ministerium.
v. Ketelhodt.

1866.

A.

Gewerbe-Legitimations-Karte,

gültig für das Jahr  1800 sieben und sechzig.

№

Dem N., welcher in N. N. wohnhaft ist und für Rechnung
1) seiner eigenen Drogueriewaaren-Handlung daselbst,
2) der Drogueriewaaren-Handlung N. N. daselbst, bei welcher er als Handlungscommis im Dienste steht,
3) Nachstehender Handlungs- (Fabrik-) Häuser, als:
im Gebiete des Zollvereins Waaren-Bestellungen aufzusuchen und Waaren-Einkäufe zu machen beabsichtigt, wird hierdurch behufs seiner Gewerbelegitimation bei den Behörden der übrigen Zollvereinsstaaten bescheinigt, daß für den Gewerbebetrieb $\frac{des}{der}$ vorgedachten Geschäfts$\frac{hauses}{häuser}$ im hiesigen Lande die gesetzlich bestehenden Steuern zu entrichten sind.

Derselbe darf von den Waaren, auf welche er Bestellungen suchen will, nur Proben, aufgekaufte Waaren aber nur behufs deren Beförderung nach dem Bestimmungsorte mit sich führen.

Auch ist ihm verboten, für Rechnung Anderer als $\frac{des}{der}$ genannten Geschäfts$\frac{hauses}{häuser}$ Waaren-Bestellungen aufzusuchen oder Waaren-Ankäufe zu machen.

Bei dem Aufsuchen von Bestellungen oder bei den Waaren-Ankäufen hat er die in jedem Vereinsstaate gültigen Vorschriften zu beobachten.

(Ort, Datum, Unterschrift und Stempel der ausstellenden Behörde.)

Personal-Beschreibung und Unterschrift des Reisenden.

Sachregister

zur

Gesetz-Sammlung für das Jahr **1866.**

1866.

O.

P.

R.

1 8 6 6.